大展好書 好書大展

大展好書 好書大展

生活廣場 4

已知的他界科學

天外伺朗／著
陳 蒼 杰／譯

大展出版社有限公司　出版
品 冠 文 化 出 版 社　經銷

現在，人類正面臨巨大規範的遷移

SONY名譽會長　井深　大

在長久歷史之中，人類所經歷數次社會的基本觀念被根本地推翻了。這種情形，一般稱之為規範的遷移（Paradigm. Sift）。

近代的日本，由於明治維新與第二次世界大戰的結束，使得其社會常識為之徹底改變，然而在二十世紀末葉，人類面對超越常識之想法的變化，卻比過去任何事情更加激烈進行規範的遷移。

受到「笛卡兒、牛頓之近代科學思想」束縛得無法動彈的人類精神，如今正大大的醒悟當中。或許，二十一世紀將成為適合稱呼「精神時代」的時代。

天外伺朗所著的『已知的「他界」科學』的內容極為有趣，正可稱為適應規範變遷的指南。

依據近代科學、深層心理學以及東方哲學等完全相異的三大領域之接點，大膽展開推理，對於有關宇宙的根本結構，提出許多有趣的假設。

由於這些假設與今日的一般常識有相當大的差距，所以各位讀者當中抱持懷疑態度或反感的人應該會不少才對。

就現在科學水準而言，無法正確驗證其內容，即使進行恰當的假說或議論，仍然無法得到結論。

因此，在規範變遷來臨之同時，我奉勸各位讀者一起享受這些假設。

二十一世紀人類必讀之書

船井綜合研究所會長　船井　幸雄

我在以前就相當注意天外伺朗這個人。他將真實（？）大膽地加以漠視，一面以開玩笑的口吻，一面透過邏輯的整合性，非常細膩地加以敘述。

我懷疑天外伺朗並非本名，而是略帶諷刺性的筆名。

一九九三年二月，講談社出版了天外先生之新書『向「超能力」與「氣」之謎挑戰』。

閱讀此書後，已深深了解天外先生是何種人物。亦即「頭一個字為D的理科系博士學位的人」「電子工學的研究者」「大企業主管，即高層人士」等等。

然而我認識天外伺朗先生的為人，是去年五月的事。與我熟識好學的一位女星告訴我：

「今天我去聽天外伺朗先生的『氣』與『超能力』的演講。他所說的內容正與船井先生您所說的一樣。其實，天外伺朗並非本名，他的本名為××××，是××社的幹部研究員。他是一位相當了不起的人物，您一定會喜歡他，要不要與他見個面？」

天外先生的為人果然不出乎我所料。

本來科學的一切，都是從假設為出發點。我認為科學家對於世上所發生的現象應該體系化且理論地加以理解，進而完成假設，並且協助將這些假設加以統合的人。

從此角度來看，可說天外先生是日本最尖端的科學家之一。

日本科學界向來是較為保守的。因此，目前進行研究或發表的領域遭受強烈攻擊的不在少數。「他界之科學」，就是屬於此領域中的一部份。

由於如此，我了解天外先生並非本名，而是以天外伺朗為筆名，公開他想要發表的研究內容。

※　　　　　　※

對於出版過『朝未來之啟示』（一九九四年三月，太陽出版社）等書的我而言，『已知的「他界」科學』這本書，正合我意。

就世界本質而言，既然有他界之存在，便應該擁有前世才對，我想不應該再加以否定。對前世存有記憶的人，或利用催眠狀態調查今世與他界的關係的研究論文，陸續被發掘或發表。嚴格地說，雖然無法肯定他界與前世之存在，但若否定其存在的話，則科學就死了。

與『向「超能力」與「氣」之謎挑戰』相較之下，天外先生在本書中以更嚴謹的態度正視這些問題。

在這裡所寫的內容，都是物理學與大腦生理學，最尖端的研究成果。

「超帶子理論」與「浦朗克標度」等深奧的問題，本書以淺易的方式加以解說。

此外，在這些最尖端理論的關係下，「開悟」與「超能力」以讀者易於理解的口氣作一淺顯的說明。

仔細思考，便可知道這世界不應該有不可思議或奇蹟出現。但在讀完本書之後，許多不可思議或奇蹟出現的原因或理由都將被解明。

以此角度來看，本書是值得閱讀的。

並且在閱讀本書當中，將可以慢慢理解「吠陀哲學」『易經』「佛教」「道教」「儒教」等東方哲學，以及容格在極度困擾之下所確立的深層心理學與最新科學互相一致的事實。

※　　※

至少對於「他界」有興趣的人，必須閱讀本書。如此一來，腦中的疑惑將可得到系統化的整理。

我由衷推薦迎接二十一世紀必讀的本書。

序言

「他界」一般是指死後世界而言。它具有神秘的宗教色彩。

※　※

然而，最近與宗教完全不同領域的近代科學，尤其是探索基子的物理學方面，已開始提及「他界」的概念。仔細調查之後，便可發現其內容與宗教、「東方哲學」的真髓無任何的矛盾。

事實上，從事基子物理學開拓的多位知名理論物理學家，指出最新科學的理論與「東方哲學」有著相當的類似性。

——宇宙似乎具有雙重構造，在我們所認識的物質宇宙（今世）的背後，可能還存在另一種眼睛看不見的宇宙（他界）——

「他界」與「今世」是表裡一體的，與宗教所主張的內容相同，但科學界所提出的模式，其兩者關係卻比宗教更嚴格地加以定義。

在「今世」中，我與您是不相同的人，而路旁的石頭、天空飛行的噴射機是各別獨立的物體，太陽、月亮都是與我無關的遙遠天體。

但「他界」中，我就是你，同時也是石頭、噴射機、太陽、月亮，以及安德洛墨達仙女座。

※　　※

如此結合的概念，在數學方面被明確定義為「正交變換」，但為了方便一般讀者閱讀，本書使用簡單扼要的例子作一說明。

「宇宙模式」被結合於「他界」之中，不只是人類與物質而已，就連「人類的精神」與「時間」也包含在其中。

由於如此，從「透視」「心靈感應」「念力」到「預知」等各種「超能力」，或者「靈魂」「輪迴轉生」之存在等宗教性概念，都可能性作合理化的說明。

此外，『聖經』『般若心經』等也更作深入的解釋，使得宗教的真髓更能被理解。

如此依據「基子物理學」與「東方哲學」以及「深層心理學」三大方向進行探究，結果——

——宇宙全體可能均屬於一種生命體——

令人驚訝的假設浮出檯面上來。

本書是由以上的內容為縱軸，而由以下幾條為橫軸所構成的。

冥想法

被採納為一切宗教修行法的「冥想法」，其實是與「他界」交談最為有效且強力的手段。

柏拉圖等古代希臘哲人、牛頓與開普勒等近代科學的創始者、容格等的深層心理學先進，以及探究「他界之科學」的「新科學」派科學家們，都相當熟悉「冥想法」，他們為了探究真理而充分地利用之。

若熟悉「冥想法」的話，則可能對於蓄積「他界」的全宇宙知識與智慧能夠自由加以儲存，以達到佛教「開悟」的境界。

科學與宗教的關係

近代社會是從科學與宗教激烈鬥爭之中誕生的。

其鬥爭因科學的全面勝利而結束，現在有如前述一樣，最近的科學反而又靠近宗教。

由於如此，多數人預知二十一世紀可能會成為科學與宗教統一的時代。

社會的迫害

在「科學與宗教鬥爭」中，詳細調查科學鬥爭的真正對手是誰，結果發現其只是帶上宗教的假面具而已，與真正的宗教相去甚遠。

其真面目就是佛教所謂的「煩惱」。

在本書中所介紹新學問的提倡者曾遭受社會性迫害的幾個例子，

追根究柢後，都是人類的「煩惱」遭受迫害的結果。

人類社會到處充斥「煩惱」，並且也是社會進化遲滯不前的主要原因。

——牛頓以來的「近代科學」，對於人類物質文明的發展貢獻良多，然本書所介紹的「他界科學」，可能成為人類欲斷絕「煩惱」而獲得眞正幸福的方針之一——

本書是站在拙著『向「超能力」與「氣」之謎挑戰』（講談社出版）的觀點，將焦點對準「他界」之部份加以詳細地叙述。因此，閱讀本書時，請一同參照前者。

雖然本文中未一一引述來源，但其內容都是經過我參考許多的文獻所擷取而成的。我以感謝之意記載於本書後面。

天外　伺朗

目錄

第4章 反主流文化的遺產
——搶先「精神時代」的嬉皮族

第5章 暗示「他界」的「超帶子理論」

——蒲朗克標度（＝10^{-33}cm）之謎

第6章

「他界」的假設

——解開「開悟」或「超能力」的秘密

第7章 死後的世界
——驗證「輪迴轉生」與「前世」的存在

第8章

「無意識」爲神的化身嗎?

——深層心理學的方法

第9章

朝向「開悟」進化的「靈魂」

——與「無意識」對談的方法

◎第1章

科學與宗教的激烈鬥爭

——從煩惱之中誕生的近代社會

伽利略的異端審問被扭曲

伽利略的名字可能各位都耳熟能詳。由於他支持哥白尼的地動說，因此，宗教審判上被宣告有罪而受到禁錮，那是一六三三年的事。

接著，他雙眼失明，九年後在禁錮的地方抑鬱以終。享年七十七歲。據說當時的羅馬教廷連他的葬禮都不允許舉行。

……這就是所謂的「科學對宗教的迫害」的開始。

同時證實當時的基督教教會，是如何殘暴的一則有名的故事……

事實上，伽利略的宗教審判，乃是依據僞造文書的認定下所扭曲事實的，現在人們已清楚了解是羅馬教廷的誤審。

他之所以被判有罪的主要的原因，就是書名爲『天文對話』的作品。但它其實並非私自出版的書籍，而是取得教廷出版許可的刊物。雖然相當多的內容被要求修正，但直到宗教宣判的前一年，即一六三二年終於獲得發行許可。

該書問世之後，受到各方激烈的反應，到處異論紛紛。

由於如此，頗令各教派的基督徒震驚。從以前指責伽利略爲異端而加以控訴的道明修會之外，耶穌會團結起來對『羅馬教廷』施壓，所以『天文對話』在出版後六個月被列入禁書目錄之中，而禁止出售。

為此，伽利略激烈地抗議，但結果卻陷入最惡劣的態勢之中，而被召喚至羅馬的異端審問所。

……當時，被召喚至異端審問所，幾乎意味有罪。因為未按照審問所所要求的告白，必然會遭受嚴厲的拷問……

此時，法律上成為召喚的依據，就是發現一六一六年羅馬教廷對伽利略所發行的戒告書。然而此書在其後的研究，認為是一種「可疑的文件」，由伽利略的敵對者收買審問所的書記可能性相當大。事實上，據說此戒告書，是連普通應該具備的證人與樞機主教的簽署都不存在，也無印鑑證明的拙劣的偽造文書。

伽利略

後來羅馬教廷發現此事後，在一二〇年後的一七五七年，取消伽利略的有罪判決。而其著作『天文對話』從禁書目錄中撤銷的，是更後來的一八三五年的事。

腐敗的基督教

如此「科學對宗教的迫害」的歷史背景，相當地陰暗。其中的一個原因，就是如前述的，當時異端審問所以假借神的名義，而進行今日社會看來無法想像之殘虐無道的行為。

異端審問所設立的時間，是比伽利略時代的歷史更早的十三世紀。同時，羅馬教廷允許審問時使用拷問、或處刑時使用火刑。

自六世紀以來，基督教儼然成為歐洲社會的基盤，而教會擁有絕對的權威。與此相反的，教會與聖職者的腐敗、墮落，令人不堪入目，據說以現在常識來看，均是一些無法相信的非人道行為。

例如：購買免罪符，則一切罪行將可被赦免，而靈魂的救濟可依靠金錢的交易取得，結果使得教會在財政上相當富裕。由於聖職是肥缺，故聖職地位便成為巨額買賣的對象。雖然當時的天主教禁止聖職者有妻室，但實際上多數的聖職者卻擁有情婦。

依據規定，信徒必須定期懺悔，然坐在懺悔室的聖職者與女性通姦的例子多得不勝枚舉。由於時代背景視教會的權威為絕對，且在密室之中被掌握不欲人知的秘密，因此無法加以抵抗。同時，尼僧院的風紀也相當紊亂。

爲了淨化腐敗所組織的修道團，也隨著勢力的加強，很快與教會出現相同的情形。（當然，在此時代中，也有很認眞修行的聖職會，故曾出現幾位聖人的事實。）

在如此的背景中，曾經有人發起背判基督教的運動，以及主張與羅馬教廷教義迴異的運動。羅馬教廷將這些人視爲「異端」份子，進而展開激烈的鎮壓行動。

其中顯著的例子，就是十二世紀初葉以法國南方爲中心所發生的一連串「宗教改革運動」。由羅馬教廷所組成的「十字軍」進行討伐。由於殺死「異端份子」，可以獲得領地與財產的優渥報酬，故因貪慾而使得許多騎士團體，假借正義與神的名義以進行殺戮與掠奪的行爲，前後二十年期間持續鎮壓宗教改革運動。

此事件後，爲了更徹底壓迫「異端」，因而成立了前述的異端審問所、拷問、火刑的「三項殘虐方式」。

依據今日的常識而言，幾乎令人無法相信，但當時神學者的論調，多半擁護聖職者的腐敗。他們認爲聖職者具有擔任救濟「他界」人們靈魂的神聖任務，故對於其「今世」的行爲加以寬恕。但此批聖職者的人袒護「異端者」的行爲，則被視爲不應該的舉動。

——一旦宗教發展之後，必然會具有腐敗的宿命。這正說明身為人類的我們，是非常悲哀的生物。因此，必須擁有「眞正的宗教」——

犧牲者達一百萬人以上？中古歐洲狩獵女巫

一四三一年，聖女貞德以「女巫」的惡名而被處以火刑。

異端審問所、拷問、火刑的「三項殘虐方式」，於其後十八世紀，在惡名高張的「狩獵女巫」中發揮了威猛。被處刑的「女巫」「男巫」數目，超過一百萬人。如此的殘虐行爲，在長久期間中，公然以合法且假借神的名義而加以實行。

遭受殺害的，未必都是羅馬教廷的批判勢力——亦即「異端者」而已，「超能力者」也占居多數，普通市民在密告之後，被處刑的人也不少。因爲經由拷問的過程，未曾做過的，也成爲已經做過的行爲。

最悲慘的，莫過於此種手段經常被利用於基督教教會派系之間的勢力鬥爭。

據說對抗教會腐敗而由馬丁路德所組成的新教，因爲在對抗上採取相同手段的例

被視爲「女巫」而被處以火刑的聖女貞德

子也不少。此情形，確實令人痛心。

——果眞如基督徒所說的那樣，死後有地獄的話，則可能中古歐洲的聖職者恐怕早已客滿。因此，根本無法再容得下我們這些人！——

「科學對宗教的鬥爭」，本來是腐敗的教會與其批判勢力之間的鬥爭。以羅馬教廷的立場而言，不管任何主張，均不得有「容忍搖撼教會權威」之迫不得已的理由。

此外，如前述的鎭壓方法，是極爲殘忍的，至於伽利略的異端審問時使用僞造文書等的例子，以當時情況而言，仍然屬於小事一樁。禁錮尙屬於輕刑。

比伽利略的有罪判決更早的一六〇〇年，知名的自然科學家布魯諾，由於不屈服拷問，直到最後仍然支持哥白尼學說，因而遭受火刑的對待。

依賴鍊金術權威的哥白尼

哥白尼出生比伽利略早一世紀，爲波蘭的聖職者。在當時而言，他那破天荒的「地動說」，最初因畏懼教會的壓迫而以匿名發表。

然而，意想不到教會方面的反應並未那麼激烈，故在一五四三年正式撰寫有關『天球的回轉』的書籍。

此外，他在序文中引述著名「鍊金術師」的談話內容，而使他的學說增加權威性。「鍊金術」就是使劣金屬（銅、鉛、錫、鐵等）變成貴金屬（金、銀）的一門學問。當然現在將它視爲前近代的知性遺物，埋葬於歷史之中，但在當時則被認爲繼承二〇〇〇年傳統的正式學問而盛行一時。

哥白尼本身可能認爲違反當時常識的「地動說」，並不會那麼簡單地被相信。因此才借助當時人人都相信的「鍊金術」權威。

……**但現在，這種關係卻完全相反，故相當有趣**……。

至於「地動說」以前的「宇宙模式」，可能是依據基督教神學而來。神學家托瑪斯·阿奎那提案將古希臘亞里斯多德的哲學，與由『聖經』所引導出來的基督教神學密切結合起來的學說，由羅馬教廷所認定並且賦予權威。

其學說就是「地球爲一切的中心而不動」的「天動說」。

當然，哥白尼主張的「地動說」，是完全相反的學說。雖然如此，他沒有立即遭受迫害的原因，可能是當初羅馬教廷並未發現其中的矛盾，或者可能未發現其學說已傷害教會的權威。

然而，由於「地動說」逐漸普及到社會之中，羅馬教廷方才發現事態嚴重，於是在一五五九年編出最初的「禁書目錄」，首先將『天球的回轉』列入第一本名單之中。

此時被禁止的事項有如下的三點：

(1)對聖經作任意的私人解釋。

(2)主張依據亞里斯多德與『聖經』，由托瑪斯·阿奎那所建立與世界觀、自然觀迥異的學說。

(3)「新柏拉圖主義」的思想，有關的神秘思想、巫術思想。

(1)可能是爲了攻擊當時宗教改革的急先鋒馬丁路德的新教派的項目。(2)就是本章主題的「科學對宗教的鬥爭」的元凶。(3)爲「女巫」「男巫」處刑的項目，但尙含有其他意義。

基督教亦有「輪迴轉生」的概念

「新柏拉圖主義」意味在文藝復興後期以義大利爲中心蓬勃發展的思想，即古希臘哲學家柏拉圖思想的復活。主張靈魂不滅，將靈性世界的概念（idea）視爲事物基本的一種神秘主義。

……過去一提及「輪迴轉世」，猶似「東方哲學」的專利思想……

然而，在古希臘時代反而被視爲極爲當然的概念。除了柏拉圖之外，尙有畢達哥拉斯與蘇格拉底也都曾經提過。但據說到晚年之後，蘇格拉底對「輪迴轉生」產生懷疑的態度。

其實，基督教在初期是信仰「輪迴轉生」，據說在『聖經』亦有記載。但西元五五三年於君士坦丁堡所舉行的宗教會議上，「輪迴轉生」遭到否定，其部份從『聖經』中刪除之。

其理由，就是耶穌主張「每一個人要對自己的命運負責」，以及「唯有神才可審判人」，但爲了改變人的命運，必須在教會的支配下才可以獲得。

以此會議爲契機，教會開始擁有壓倒性的權力，進而加強其對社會的支配力。同時，基督教喪失初期的純粹性，而開始步入腐敗與墮落之途。

不過今日的基督教，當然深切反省中古的黑暗時代，而回復宗教本來的面目。但與君士坦丁堡會議以前，或許有相當大的改變。

今日所熟悉的『聖經』被稱爲「正典」。在君士坦丁堡會議上，認爲「非神的旨意」而遭到刪除的部份，被視爲「外典」，而在神學院傳授。

不論如何，「輪迴轉生」的思想從西方消失的原因，就是在君士坦丁堡會議上被加以否定，以及將「新柏拉圖主義」視爲異端審問的對象。以拷問與火刑強制地壓抑下，自社會中排除。

天文學家開普勒的本行爲占星師

雖然與今日常識相比有相當大的差距，但在當時「科學對宗教鬥爭」的背景下，「新柏拉圖主義」與「輪迴轉生」均被歸類爲科學。由於當時古希臘哲學的影響仍然強烈，科學因而與神秘主義合爲一體。

發現有關行星軌道法則的開普勒與伽利略爲同時代的德國科學家。但根據今日的標準來看，他應該被歸類爲「神秘思想家」。

他本行爲占星師，具有通靈的本領。由於職業上的需要，必須經常觀測星空，因而有了偉大的發現。

——屬於女兒的占星術無法賺取麵包，而屬於母親的天文學則會餓死（開普勒）——

這句話並非意味他所作的占星表只不過是兼差加以完成的。他是「新柏拉圖主義」的熱誠讚美者，完全沈醉於古希臘的神秘主義。其占星術便證實這一點，而天文學也是由此而發展，故並不矛盾。

開普勒屬於馬丁路德的新教派，爲一名虔誠的信徒。但他的主張支持哥白尼的「地動說」，因而在新教派看來，也被視爲「異端」份子。

雖然他幸運避開「異端審問」，但卻被教會開除了。對於新科學而言，新教派與舊教派均同樣無知、頑劣，但在刑罰執行方面較少寬鬆。

由於如此，主張「地動說」且支持「新柏拉圖主義」的開普勒並不處以火刑。

但在他發表行星運動法則的一六一九年，不知何種理由，他的母親竟以疑似「女巫」的罪名遭到逮捕。

開普勒由於向法庭提出一二二條的反對尋問以進行辯護。因此，他的母親得以不遭受刑罰而被釋放，這在當時而言，是幸運的唯一例外。

牛頓與女巫

牛頓完成近代科學基礎的「牛頓力學」，而發表書名爲『萬有引力』的那一年，亦即離伽利略的宗教審判正好半世紀的一六八七年的事。

依據今日的常識未加以思考，我們可能會認為他是實現近代科學的人。

……可是，其實不然……

出版『萬有引力』時，他為四十五歲，然一直到八十五歲的四十年間，卻熱衷於「鍊金術」的實驗，並發表相關的論文。

如前述所說，當時的「鍊金術」，是一項比哥白尼、伽利略、開普勒的近代科學更廣泛被社會接受的傳統學問，因此，難怪連牛頓也熱衷於此。

鍊金術師相信一旦其本身精神的德性崇高的話，將可以影響物質的轉變過程，因此在平日便進行禁慾的修行。同時，在作業之前會先進行「冥想」與祈禱，進而習慣於祈禱作業的成功。

牛頓

牛頓也與後述「新科學」派的科學家們一樣，長年實踐「冥想」，此乃是衆人皆知的事。

假定他從『萬有引力』出版以前就已進行「冥想」的話，則此一舉動對於「萬有引力」的發現有貢獻的可能性不容否定。今日仍然有許多科學家依靠「冥想」而獲得新的假設（請參照第四章）。

牛頓也是第一位獲得英國爵位的科學家，同時對於宗教相當關切，曾寫過有關神學的論文，且是參加反對天主教的政治運動極爲活躍的人物。由於當時英國王室反對羅馬教廷，故反對天主教，亦即意味屬於反對體制派的人。

據說牛頓相信「女巫」的存在，並且擔任體制派的一員，參加迫害的一方。

何者眞正迫害科學？

如此的「新代科學」在含糊不清的神秘主義環境中誕生。如前述，當初並無「近代科學」與「神秘主義」的區分，且站在握有絕對權力的教會觀點看來，兩者都是迫害的對象，因此都與教會展開激烈的鬥爭。

牛頓以後，依據實驗與觀察的近代科學的方法論被落實下來，相當頑固的基督教的「宇宙模式」也逐一被推翻。隨著教會權威式微，直到十八世紀末，可怕的「異端審問」與「狩獵女巫」的行動才停止。

……**將此歷史定位爲中世的終了、近代的開端**……

可說「科學對宗教的鬥爭」點綴了其變革的一則插曲。

由於如此，社會的規範從「宗教」交棒給「科學的合理主義」。科學愈加發展，而社會上的宗教守備範圍則愈加狹窄。自此以來，「科學的合理主義」不久與古代希臘的神秘主義訣別而發展了今日(有關此問題，後面再詳細說明)。

一般而言，這種情形被視爲「社會的進步」。的確，沒有人會歡迎異端審問或火刑。言論、思想、信仰的自由難能可貴，未失去自由的人可能無法理解。

然而，另一方面，「科學的合理主義」在規範社會裡，對於人類「精神生活」的重要性認知淡薄，也是不爭的事實。以「錢」、「物」、「法律」、「倫理」支配社會時，「精神生活」便不再有參與的餘地。

雖然這麼說，支配中古黑暗時代的基督教團體的「精神生活」如果很高的話，則不會發生「異端審問」、「狩獵女巫」、「科學對宗教的鬥爭」。

由於教會與聖職者沈迷於「權力慾望」「物慾」「金慾」「性慾」，並且沒水準的神學家驅使荒誕的「倫理」，作「法」，揑造「宇宙模式」，才會製造出悲劇來。

——在「科學對宗教鬥爭」時，「科學」所鬥爭的眞正對象是誰？

雖然帶上宗教面具，但事實上卻脫離「眞正宗教」最遠。依據佛教說法，其本質就是「科學對煩惱的鬥爭」——

第2章

◎「宗教的宇宙觀」反敗為勝

——近代科學耗費三百年歲月所得到的境界爲何……

告別神秘主義的近代科學

近代科學告別古希臘的神秘主義的要因之一，就是笛卡兒的哲學。笛卡兒與伽利略爲同一時代的法國哲學家，他在數學與物理學的領域，亦有顯著的成績。

……「我思，故我在」這句話特別著名……

他認爲精神與物質是不同的，進而展開分別去思考的「物心二元論」。由於「牛頓力學」能淸楚記述物質的世界，故與笛卡兒的哲學結合在一起。

今日仍然使用「被笛卡兒、牛頓所確立的近代科學思想」的表現方法。

……如前述，牛頓本身是接近神秘主義的思想家，故這種說法相當具有諷刺性。

無論如何，其後的科學將物質視爲與心無關係的物體，且認爲宇宙由多數不同的物體所組合而成的巨大機械。此想法亦適用於醫學，不但將具體與精神視爲不同物質的機械，更將疾病的原因解說爲零件的故障。

此外，這種思想也產生了科學與宗教的區分體制。科學專門擔任物質世界，宗教則擔任精神世界，而互無關係且無干涉。由於長久以來一直持續鬥爭，故對此一區分法，兩者總算鬆了一口氣。

至今，已經過約三百年的歲月。其間，自然科學與醫學均達成相當的進展。科學應用於工學上，成爲產業革命與資訊革命的原動力，促使社會現象完全改觀。雖然局部產生核子武器與環境污染的陰暗面，但一般而言，人類的生活已經相當富裕便利。

明顯可看出「笛卡兒、牛頓的近代科學思想」，在一切領域獲得相當大的成功。本書的讀者們，可能對此事實不會產生任何疑惑。在歷經三百年之後，已成爲社會一般常識的一部份而屹立不搖。

但仔細思考，不難發現自太古以來的人類歷史當中，三百年的歲月只是驚鴻一瞥。之前，極爲長久的歲月中，人類是將「精神」與「物質」視爲「一體」。

然而在本書中卻預測二十一世紀的科學，會再一次將「精神」與「物質」視爲二元。

——未來的歷史家可能在人類壯大的思想史中，將「精神」與「物質」加以區分的十八、十九、二十世紀的三〇〇年間，定義為極特異的時期——

計算浦島太郎所乘坐的海龜速度

現在我們都依據「牛頓力學」的基礎來製造汽車與天空飛行的飛機、架橋、建造高樓大廈。尤其最近實際建造之前，使用電腦模擬作業的手法相當普及，確實「牛頓力學」以詳細的精確度記述現實的世界。

……但是……

若是懂得「牛頓力學」而到太空旅行的話，必然會遭遇嚴重的困擾。例如：稍微飛到遠處，可能就回不了地球來。

……這是爲什麼呢？……

此乃因爲在地球上能如此正確記述事物的「牛頓力學」，一旦飛向太空之後，則近似精確度完全無法使用。

例如：有關「時間」的概念……

依據我們常識判斷，認爲無論到任何地方，「時間」都是以相同速度流失。東京與紐約彼此當然有時差的存在，但一小時的時間在任何一個地方都是相同的。沒有人會懷疑由於地區的不同而其時間長度（鐘點）也就不同。「時間」視爲絕對的尺度，對我們日常生活並無任何的阻礙。

然而嚴格說來，這種想法是錯誤的。在高速運動的物體上，其時間的進度比較緩慢。且像地球這麼沈重的物體，其時鐘的進度也比較緩慢。因此，海面上與山上的時間進度顯然有相當的落差。

與我們常識相反，「時間」是相對性的概念。這就是說明愛因斯坦的「相對性理論」，現已經廣爲人知，即速度與重力的影響對「時間」進度的影響力，可以精密計算出來。

例如：搭乘百分之九十九光速的火箭飛翔，旅行一年的時間才回來，則地球上已經過七年的歲月。當然，現在的地球人類的文明尚未存在如此高速的火箭。但以純理論去思考『浦島太郎』、『時光隧道』的故事，則與近代物理學無任何矛盾。

說不定古代遇到宇宙人，坐上高速太空船去旅行的經驗，成爲傳說故事的可能性也不能加以否定。

……事實！……

簡單推測浦島太郎搭乘「龜型太空船」。假定龜宮城的重力與地球上相同程度，則「時間」差距的要因只剩下「龜」的速度而已。

為了簡化計算，假定搭乘太郎之「龜」的時間往返為三日半，回到地球上時，已經過約七十年的歲月。

……那麼計算「龜」的速度為光速的百分之九九·九九九九九……

此可依據「羅庫茲變換」來表達，此公式相當簡單，可以心算進行。嚴格地說，「龜」的加速、減速之程度不同，其數值也就不同，若與地球相比，「龜」的質量相當小的時候，則所產生的誤差將不會太大。

……連浦島太郎所搭乘的「龜」的速度都可以計算出來，可說近代科學實在太偉大了！……

駕車也需要「相對性理論」

愛因斯坦的「相對性理論」，將以前依據「牛頓力學」所造成的「宇宙模式」完全加以推翻。過去信以為眞的「絕對時間」、「絕對空間」的概念根本地被加以否定，而明確了解一切均是「相對的」。

甚至「時間」與「空間」的區別也被否定。

宇宙正確的定義，是由三次元的「空間」與一次元的「時間」所形成的「四次元的時空間」。牛頓的萬有引力重新被定義，認爲物質的存在會使「時空間」扭曲，其結果便產生了「重力」。

從某角度來看，這種變革比從托瑪斯·阿奎那的「宇宙模式」轉爲伽利略的「宇宙模式」更爲激烈。

……雖然如此………

對於我們的日常生活將有所變化嗎？答案是否定的。如前述，生活在地球上，以飛機的速度而言，依據「牛頓力學」的近似精確度來計算，並不會產生任何不便之處。

然而，依據最近流行汽車用的導航系統，亦即GPS（Goble Position System），在微小的裝置中可計算出愛因斯坦的公式。由於應用人造衛星的電波，並未正確計算衛星上與地球表面的時間進度差距，因而位置的精確度也就不充分了。

……這簡直太不可思議……

人類只知道「牛頓力學」的時代，由於火箭的技術尙未成熟，所以人造衛星、GPS、太空旅行都是不可能的。假定當時能做到的話，則會發生許多悲劇來。

……由於如此，讓人覺得世界所需要的時期，就可完成所需要的東西，……此想法並無任何根據，但是的確如此……

常識無法通用？電子的奇妙運動

當初愛因斯坦提倡「相對性理論」，是一九一五年的事。如前述，其內容至今仍然超越一般人的常識頗多。

然而，不久之後，另一種驚天動地的理論被提出來，即「量子力學」。

「牛頓力學」詳細記述地球上的自然現象，而「相對性理論」則是記述高速移動的物體與宇宙空間的各種現象，然「量子力學」進一步記述原子的內部基子運動理論。

物體的速度愈接近光速，我們的常識都無法加以適用，隨著粒子尺寸縮小，世界也愈來愈改變。

粒子有如網球大小時，只知道現在的位置，則其後的各瞬間的位置與速度均可正確知道。計算球的旋轉與空氣摩擦的影響雖然複雜些，但「牛頓力學」均可精確預測出來。

假定球的速度接近光速而無法適用「牛頓力學」時，則可利用「相對性理論」得到正確的答案。在此情形中，我們以普通常識所持有的「粒子」概念的大部份均可加以適用。

然而粒子尺寸愈加微小，甚至達到「電子」的程度，則我們的「常識完全派不上用場。例如：在牆壁上挖兩個洞，使一個「電子」飛出去，則此「電子」會同時通過兩個洞。

……你能相信嗎？……

但此種事實，不僅物理學者知道，就連在大學攻讀理學或工學的人也都知道。各位的一般常識是多麼不可靠，相信各位都已了解。

連愛因斯坦也否定「量子力學」

以「電子」而言，「位置」與「速度」的概念也無法適用。理論上已證明欲正確了解「位置」與「速度」兩者，是不可能的事，因此，必須使用位置與速度結合一起的「量子狀態」概念來加以解說。

「量子狀態」是使用機率來討論的。知道某種空間內某一瞬間的粒子位置與速度的機率分布，便可計算其後各瞬間的機率。

……是不是太難了？……

這也難怪。事實上，此一理論連愛因斯坦都難以接受！

愛因斯坦爲了要否定「量子力學」而開始猛烈反擊。或許無法辨認粒子的位置與速度而只依循可疑機率的相法，依他的觀點來看，無法將之歸屬於物理學的本流。此一想法被他濃縮於一句話之中。

——神是不會玩骰子遊戲的（愛因斯坦）——

將機率統計論諷喻爲賭博場的骰子遊戲。因此，這種爭論不斷持續十年以上。

……結局……

愛因斯坦終在爭論上敗北。今日的「量子力學」在物理學的世界已是定論，成爲其後科學急速發展的原動力。這證明了本世紀最大的天才也會發生錯誤。

其後，由於「相對性理論」主要記述規模廣大的宇宙空間，因而有更大的發展。另一方面的「量子力學」反而成爲記述極微基子而進一步發展。

……但是……

此兩大理論猶似水與油而完全不相溶。

以研究黑洞而聞名。坐在輪椅上的天才科學家中蒂芬·賀金正向此一問題挑戰。然而，黑洞愈來愈擴大，最後將宇宙全體加以呑沒，如此過去學說的錯誤，就是使用「相對性理論」與「量子力學」兩者的組合來加以證明而聞名一時。

然而，此兩理論眞正的融合，若未待「大統一理論」的完成，將無法達成。

宗教反敗爲勝嗎？

至於開拓「量子力學」領域而使其更加發展的三位科學家波爾（Bohr）、海森堡（Heisenberg）、薛丁格等人發現奇妙的現象。由於研究基子物理學，驚訝發現愈來愈接近東方賢者所主張的學說。

波爾將其後半生埋首研究中國的『易經』。當他被授予爵位而選擇徽章圖案時，毫不猶豫地使用『易經』的陰陽象徵的「太極圖」而聞名。就連他的墓地也以此徽章加以裝飾。

海森堡跟隨印度的著名詩人泰戈爾學習「印度哲學」。然而，發現其內容與「量子力學」的眞髓相通。

薛丁格在著作中記述成爲「量子力學」的波動方程式，乃是印度教的敎典『吠陀』的諸原理。

這三個人均獲得諾貝爾獎，在科學史上是相當有名的學者。因此，看來幾乎與「東方哲學」無關才對。

波爾的徽章

太極圖

當時，將白人種族的歐洲與美國視爲先進文明圈，而將其他世界視爲後進文明圈，明確加以區分的價值觀儼然存在著。在告別古希臘神秘主義的近代科學之大躍進時期，因而無人會懷疑其方向性是錯的。

一般人認爲「東方無科學的存在」，將「東方哲學」視爲迷信。在此環境下，公開表明支持「東方哲學」的行爲，是多麼需要勇氣的，這是容易想像得到。同時也表示他們震驚的程度有多麼嚴重。

此一趨勢，一般人幾乎不知道，但卻由一部份的物理學家繼承下去。基子物理學的發展，使得不可理解的現象逐一被發現。

爲了清楚說明而提出好幾種新的「宇宙模式」，但不知何種理由，其宇宙模式愈接近自古以來宗敎一直主張的宇宙模式。

——從伽利略開始的「科學對宗教的鬥爭」，一齣壯大的戲劇情節，是否到最後意想不到由宗教取得勝利呢？——

實踐冥想法的「新科學派」科學家們

今後科學的新潮流被稱爲「新科學」或「新時代科學」。推進此一潮流的科學家們，多半都實踐了瑜伽等的「冥想法」。

一提到「冥想法」，在日本是以坐禪爲典型，但與一般宗教的形態各不相同。

例如：在氣功法的靜功、武道的鍛鍊中也甚爲常見。最在運動界所流行的意念訓練法，也是一種冥想法。

然而，一般而言，其眞髓無人知曉。認爲只坐下來而一直維持不動有何意義呢？此與睡覺又有何差別呢？

——其實，「冥想法」與本書主題的「他界」有密切關係——

冥想愈是深入，則人腦中愈會分泌「腦內痲醉物」。從分子構造看來，與古柯鹼、海洛因等的毒品相似，但因為生成於人體中，故無任何副作用。據說馬拉松選手所出現的跑者亢奮狀態（後面再詳述），或者臨終時會分泌此物質。

話又說回來，進行「冥想法」時，由於此物質的分泌而會覺得舒服或產生幻覺，但據說持續修行到最後，將可接觸宇宙的神秘。

……**此境地，佛教稱為「明心見性」**……

亦即加以磨鍊而如鏡子一般排除表面的霧氣，則萬物可看見性（宇宙的法則）。這原本是自古以來宗教所追求的境地。

現在卻由科學家們在實踐著。科學家與宗教家不同之處，並非只以「冥想法」來探究眞理，他們更持有正確洗練的實驗方法與嚴密一貫的公式作為武器以進行冥想。並非一味盲從古代聖人的教示，而是使用假設與驗證的近代科學方法論逐一累積經驗的。「冥想法」是以使用取得假設為目的的有效手段。

「腦內麻醉物」之一的「β—內腓肽」的分子構造

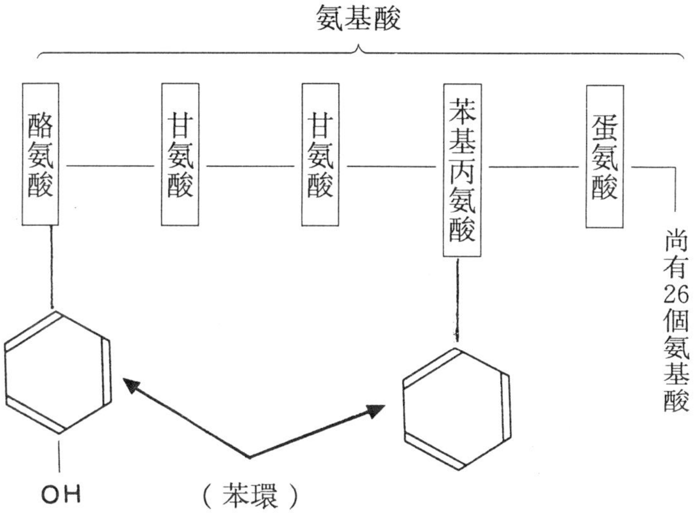

歡迎來此天堂！

在「新科學」共同所認識的宇宙觀如下：

> ——宇宙，是相互關連，作用且不斷變化的不可分開的部份所形成的一種系統，同時觀察者成為其不可分離的部份而被包含著——

此種概念與印度教、佛教、儒教、道教、『易經』等的宇宙觀一致。同時美國的印地安、非洲或澳洲的原住民、阿伊奴、日本神道等都有同樣的思想存在著。

此說明了這種宇宙觀是多數宗教的根源與基本思想。

……你不覺得不可思議嗎？……

從牛頓建立近代科學基礎之後的三百年，人類的文明乃依據科學的合理主義而急速發展。包括愛因斯坦、波爾等多數科學家們，均進行艱難的研究。

他們進行數學、實驗方法、測定方法，開拓新理論與模式，不斷地討論，企圖爬越險要的山峰。

——但終於爬上能看見山頂的地方而抬頭眺望……在那裡包括有耶穌、釋迦牟尼等多位宗教上的聖人們，正微微笑著等待他到來——

「歡迎您到天堂來！」

第3章

另一個看不見的宇宙

——「雷射攝影宇宙模式」與宗教

波姆的「宇宙模式」

著名的理論物理學者大衛·波姆是「新科學」的提倡者之一。

他長年以來活躍於量子力學的領域，留下許多的科學成績，但他在一九七〇年發表有關新「宇宙模式」的一連串假設，進而點燃「新科學」熱潮的火苗。

依照他的模式，存在周圍眼睛看得到的宇宙（今世），其實並單獨存在著，其背後尚有一種眼睛看不到的宇宙（他界）存在，此才是大自然的秩序。

他將「今世」稱爲「明在系」，而「他界」稱爲「暗在系」，主張兩者有密切的關係，彼此經常變幻流轉者。

> ——在「他界（暗在系）」裡，有關「今世（明在系）」一切的物質、精神、時間、空間等全部都被摺疊起來而不可分離（波姆）——

他的理論特徵，在於摺疊這兩字。此在數學上稱爲「正交變換」、「積分變換」的方法，但較難理解，因此，以概念上相似的例子作一說明。

提倡「雷射攝影宇宙模式」的
理論物理學者大衛·波姆

「他界」可喻為電視波……

我們在家中所看的電視影像，是使用電視台的攝影機以放射電波的形態加以傳訊，在空間中以電磁界的形態傳送到家庭的通訊天線。

現在假設此過程的通訊天線以前的機器都不存在，而由神或某人突然創造空間內的電磁界。不但電磁界相同，且從通訊機內的訊號處理，經過均完全相同，如此，我們才可看見相同的影像。

由於如此，將我們所看見的影像視為「今世」，而將空間內的電磁界視為「他界」。

……本來「他界」是眼睛看不見的，即使在電磁界看不到，但確實是存在著，這可依據飛機飛過去的電視機呈現混亂畫面的情形感覺得到……

……相當於「今世」的電視影像中，一切的物體、人物、房屋、花草等並不會對應空中的電磁界的特定場所，而是渾然一體地被摺疊於分布廣大空間的電磁界全體之中……

……假定未開化的人看到電視，即使聽到的說明是眼睛所看見的影像，其實是分布於空間的電磁界之轉換，他們大概不會相信以上的說法。多半的現代人，對於電視構造可以理解，但有關宇宙的構造部份，則認爲看得見的「今世」爲一切且爲完整的形態。

若波姆的「宇宙模式」正確的話，那麼，現代人的想法與無法理解電磁界的未開化的人，其實是沒有兩樣的……

依據電磁界與電視影像的例子而言，若隨著時間的經過，則電磁界將會產生變化，且相對應的影像也會產生變化。

如前述，波姆的「暗在系」中，亦有「時間」的摺疊。

一提到「時間的摺疊」，令人覺得難以了解其深奧的概念。

此對於能理解數學「正交變換」的人，或許是極爲當然的概念，但爲了一般讀者的閱讀，還是以常見的例子作說明。

摺疊「時間」的「周波數特性」

以喜好音響的人而言，對於「渾厚的低音」「清晰的高音」等的表現應該不會陌生。同時，將擴音機或揚聲機的性能以「周波數特性」表示，也視爲理所當然的事。

周波數較高者，如笛子的聲音，其時間變化較爲激烈。

此外，任何一種音色，也能依各種周波數的聲音合成而加以製作。

在此，最低的周波數稱爲基本周波數。

例如：報時所使用A（C調）的La，一秒內相同的波形反覆四四〇次，而基本周波數四四〇Hz（赫茲），基本周期（反覆每一個波形的時間）爲1／440秒。

伸縮喇叭的聲音與長笛的聲音，其A音的基本周波數均爲四四〇Hz，第二高調波爲其二倍的八八〇Hz，第三高調波爲一三二〇Hz……等整數倍周波數的重疊，而依據各成份的比率來決定特有的音色。

人類耳朵聽得到的低音爲五〇Hz（基本周期爲1／50秒），但原理上不管基本周期有多長（基本周波數有多低），可視爲各種周波數成份的合作者。假定基本周期爲一小時，可將一首交響曲的全部，均使用周波數成份加以表現。

那麼，將音壓的時間變化轉變爲以一小時爲基本周期（1／3600爲基本周波數）的周波數軸上的成份分布（稱爲周波數的波譜）。

此種轉換，被稱爲傅里葉變換，即「正交變換」的一種。

其實一小時的基本周期太長，因而實際變換時，其計算不太容易。因此，必須思考五秒間的聲音波形與相對應的周波數波譜（請參照六十一頁）。在此情形中，基本

將5秒內的聲音波形轉換爲周波數波譜

周波數波譜的「時間」會消失

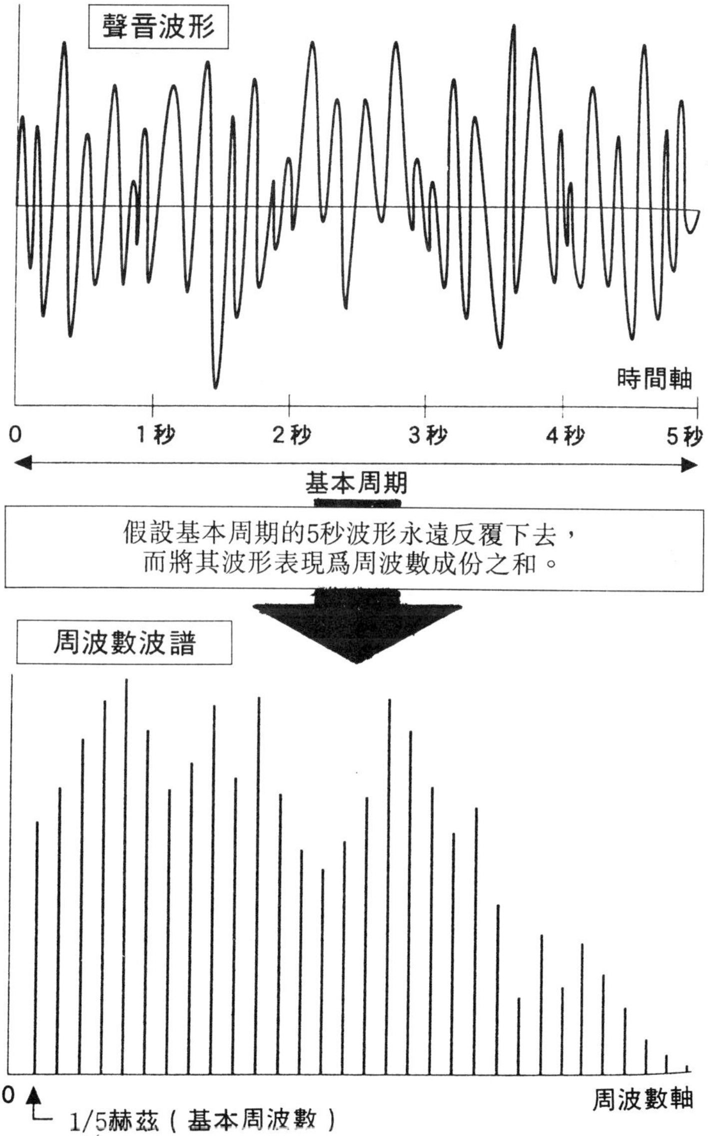

周期爲五秒，基本周波數爲1／5Hz。

亦即「時間軸」上的一連串數值與「周波數波譜」兩者完全對應，故只了解「周波數波譜」，則原來的五秒間的聲音便可正確加以復元。

只以此程度來進行演算，連個人電腦也可容易作出。僅擁有一些知識的人，可以市面上出售的A／D、D／A版與FFT（傅里葉變換）軟體作一簡單的實驗。的確，原來的聲音可復原出來。只以此程度進行的話，乃是屬於初步的技術而已。

……接下來，將最初的聲音波形比喻爲「今世（明在系）」、「周波數波譜」的話，則「他界（暗在系）」應該比喻爲……

首先必須了解「明在系」與「暗在系」是整體以一對一加以對應的情形，剛好有作過說明。

其次，請注意最初的聲音波形確實存在的「時間」的概念，但在「周波數波譜」上卻消失了。在聲音波形上「一秒後數值」對應「周波數波譜」上的哪一點，即使被問到，也無法回答。

爲了計算「一秒後的數值」，則「周波數波譜」上一切之點均需要使用。反之，無論計算「周波數波譜」上任何一點，都比須使用聲音波形一切之點。

——「今世」任何一個小點，均反映「他界」的一切——

我們的日常生活上，無法想像「時間」不存在的世界。「時間」經常不斷地經過，爲一切常識的基本。

但「周波數波譜」中的「時間」被摺疊、隱蔽者。我們平常使用的「周波數特性」這句話，其實隱蔽著「時間」，即奧妙的世界之意思。

——「他界」並無「時間」的概念——

部份之中存在全體的「雷射攝影」

波姆的「宇宙模式」比「周波數波譜」更爲精緻。波姆所說的「明在系」與「暗在系」的關係，可與「雷射攝影」相似。

「雷射攝影」爲「正交變換」的一種，以再生立體像的技術，在漫畫與科幻小說方面等相當熟悉。具體而言，迪斯奈的「魔鬼屋」、「骷髏之家」均應用此技術，在印刷物、賀電、信用卡上亦常看到。

原理上，在物體上照射雷射光，將其反射光與原來的雷射光的干涉紋記錄於軟片之中。軟片上的干涉紋全面形成微細且規則的圖案，看起來與物體的形狀完全無關。

然而，在軟片上再照射雷射光，便會有不可思議的事情發生，即呈現原來物體的立體像。改變觀點（觀察的角度），則原來看不到的部份會清楚看見。

以普通的攝影軟片而言，若缺少了一半，則所看到的影像也只有一半。

……可是……

有趣的是，雷射攝影的干涉紋即使在缺少一部份軟片時，其物體的立體像也不會消失。即使缺少一半或剩下1/100、1/1000，而物體的全體也能正確再生出來，但軟片變小，全體性的雜音增加，則立體像便會模糊。

——雷射攝影的干涉紋的任何一部份，均記錄物體的全體像——

亦即部份爲全體，而全體爲部份。此種概念在佛敎上已經不陌生，可用以下的一句話來表現：

——一即一切，一切一即（華嚴經）——

因此，「雷射攝影宇宙模式」與佛教所主張的宇宙觀幾乎相同。在「今世」中，認爲你我是不同的個體，而路旁的石頭、噴射機、太陽，都是與我無關的個別物體。

但在「他界」中，這一切物體卻渾然一體被摺疊著而無法分離。

——所以我也就是你，同時也是石頭、噴射機、太陽、安德洛黑達仙女座——

波姆表示「時間」與「空間」也被摺疊著。由於如此，過去與未來、東京與紐約都全部結合在一起。

依據雷射攝影的例子表示，在「他界」任何一小部份中，都摺疊「今世」的全部。這種「部份」的方法，只不過是有「空間」存在的世界的表現方法而已，但在「他界」中並不適用。

「他界」爲心與物融合的世界

波姆又說在「暗在系」中人類的「心」與「想念」被摺疊著。

——古時，笛卡兒將心與物明確加以定義。他說物質是從區別的事物所形成具有容積的實體，而心是沒有容積且不是從區別的事物所形成的能加以思考的實體。的確，心含蓋表現各種事物的明晰思考，但顯然與具有容積的實體不同。然而，假定物與心兩者均存在於「暗在系」之中，則問題便會複雜化。理由在於此兩者並沒有差距（波姆）——

愛因斯坦在「相對性理論」上明確表示物質爲一種能量。亦即可將某種質量（重量）的物質變換爲等值的能量來。依據此一理論製造出原子彈而聞名於世。由於物質能直接變換爲能量，故只是小小的炸彈也可產生相當大的破壞力。

但波姆卻主張精神也是一種能量。

——物質與精神均以能量的形式摺疊於「暗在系」中（波姆）——

波姆對於「意味」一辭賦予特別的意義。首先，他主張「意味」是連接心與物的橋樑。

例如：當敵人坐在身旁時，你的全身就會容易僵硬而分泌腎上腺素，但若坐下來的是你的情人，則你便會心神盪漾，亦即依據坐在旁邊的人的「意味」不同，則身體的物理反應也就不同。

「道」（語言）會形成物質

波姆將「意味」的解釋更加擴大。

> ——在「暗在系」中，可能存在「意味之場」。故可反映出物質、身體、「明在系」來（波姆）——

這句話可能需要再作進一步的解釋。依據波姆所說的那樣，像電子的基子在「暗在系」中形成，然後不斷被解體的模式加以循環不已。在此狀況下，好像散亂的光束一般，不會產生任何現象。多數的基子只不過如鬧區的群衆一樣各別活動而已。

……可是……

依據某種契機，有時衆多的群衆有如軍隊一般採取一絲不苟的行動。若多數的基子協調採取行動時，便會出現「物質」。指揮一絲不苟的行動，就是「意味」。

當然，此種議論已經超越自然科學的範圍。目前不論如何努力，都無法以嚴密的公式正確加以表現。

但閱讀本書後半段，便可理解所謂「暗在系」的概念，其實與宗教稱呼「神」的意思相近。

由於如此，便可發覺波姆的這種表現與基督教的『聖經』非常相似。

——太初有道，道與神同在，道就是神。這道太初與神同在。萬物是藉著他造的。凡被造的，沒有一樣不是藉著他造的。生命在他裡頭。這生命就是人的光。（約翰福音）——

在這裡所說的「道」，其原意就是共同語（希臘語的一種），以Logos表示，是除了「語言」之外的「論理」「意味」等的涵意。將這句話置換爲波姆所說的「意味之場」，再一次閱讀看看便可得知。

如前述，基子是由「暗在系」中生成，再被解體而反覆活動，但一有「道」的存在，則突然之間會有許多基子活動而出現物體。

『聖經』記載：宇宙剛形成時也是如此，不只是這樣，根據波姆所說，對應今日一切瞬間的「道」，就會出現物體。

——依據佛教思想，認為宇宙在短暫時間之中反覆消滅與生成，將其瞬間的時間稱為「剎那」——

由此可見，宗教對於「宇宙結構」的說明，好像比牛頓、愛因斯坦所主張的更為深入。

生命普遍存在於「他界」全體中

由「道」所生成的，不只是無機的物體，且包含生命。

——因此才說生命在他（道）裡頭——

由於如此，何謂生命，讓人產生很大的疑問。波姆在這裡展開大膽的假設。

——植物進行碳酸同化作用時，二氧化碳通過細胞壁進入葉子內，並不會突然「得生」，或者氧氣分子發散在空氣之中，也不會突然「死亡」，乃是明確的道理。反而應該將生命本身視為存在於包括植物、環境的總體之中（波姆）——

波姆對於個別的生命體或從物質中完全被區分的獨立「生命力」之概念加以否定。

——生命隱伏在「暗在系」的「全體運動」之中（波姆）——

有關「全體運動」必須作詳細的說明。

波姆將「暗在系」與「明在系」的關係比喻為雷射攝影。結果多半場合裡，對於協助更清楚理解有很大的幫助，但他卻勸戒人必須經常意識此種比喻是有其限界的。

※　　※

某一種原因是以雷射攝影的表現方法給予靜態且固定的印象，但「暗在系」卻是變幻流轉。因此，波姆才將其表現為「全體運動（Hoio Movement）」。

但這種表現方法太過牽強。

「他界」無法使用語言記述

「運動」一辭，意味著「物體」在某種「空間」中，隨著「時間」的經過而移動。至於「空間」「時間」「物體」均不存在的「他界」裡，無法定義「運動」現象。

但是，波姆為了表現「暗在系」並非固定化而不斷變化，因而稱為「暗在系」的

「全體運動」。

然而仔細思考，便可發現表現「變化」這句話，是因爲與「時間」概念有關，故在「他界」中無法加以定義。

……要將「他界」的內容使用語言加以記述，是相當困難……

前述在基子的世界裡，一個電子會同時通過牆壁上的兩個洞。不管洞的數目增加一個或一百個，道理仍然相同。有時「一個」的電子能同時存在著「無數個」的運動。

在微小的世界裡，支撐「語言」基盤的邏輯（論理）與常識根本派不上用場。依據近代科學正在解明的微小世界也是相同的。何況超越「時間」與「空間」的「他界」中，其情形更不用說。

——在「他界」中，「今世」邏輯的一切均不適用，因此無法使用「今世之語言」來記述「他界」——

……由於如此，便可了解「一神論對多神論」的爭議有多麼地無聊……

——在「他界」中，「一個的存在」與同時「多數的存在」並無矛盾之處——

因此，有史以來多數的宗教家、神學家、佛教學者之間的爭議，其實大部份是空虛的，並且脫離本質的可能性相當大。這是因爲邏輯與語言無法使用，而其爭議也就根本無法成立。

——世界中，存在著多數的宗教，乍看之下其教義都不相同。但其差異可能是由於記述「他界」時勉強使用不適當的「今世的語言」之結果所引起的——

指導波姆「東方哲學」，而給予其「雷射攝影宇宙模式」架構有很大影響力，印度哲學家克利休納莫若提，有如下的表示：

——期望科學家們擺脫思考的束縛而獲得自由。自由只能依「冥想」獲得（克利休納莫若提）——

※　　※

眞理超越「今世」的邏輯，故依據「今世」的語言根本無法記述，除了依據「冥想」等直接體會外，無其他方法可行。

「他界」的語言

至於在此所說的「今世的語言」與前述『聖經』所說的「道」，彼此的內容顯然不同。

「今世的語言」無法以「他界」的眞理加以記述，但「道」與萬物的創造有關。

……既然如此，在『聖經』所提的「道」或許意味「他界的道」……

當然無法保證「他界」存在語言體系。但波姆所主張的「意味之場」，顯然形成一種體系，故可解釋爲廣義的語言體系。

既然如此，「今世」被「正交變換」的結果，將會成爲「他界的道」。

此就是說明「今世」中除了生物與物質以及其支配者的秩序以外，尙存在「語言體系」。但「語言體系」並非「今世」的主角。

此外，由於國家與民族的不同，因而「語言體系」也不同。

但相對照下，「他界語言」應該是絕一無二的，反映「今世」的一切生物、物質、精神。可說「他界的秩序」本身等於「道」。由於如此，「道」可稱爲「今世」的創造來源。

——如果人類能直接理解「他界的道」，或許會了解一切宗教的教義均是相同的——

可說「他界的道」，對於人類的進行相當重要。

……若仔細去尋找身邊事物，說不定會找出「他界的道」……

以下將叙述我所發現的線索。

——在基督教所使用咒文「阿門」，說不定是「他界的道」的一種——

……這句話，確實不可思議。古代希伯來語表示「的確」「誠如」「確實」或「應該如此」之意思，然比基督教更古老的埃及時代裡，已被使用爲神之稱謂。古代埃及語的「阿門」就是「隱者」的代名詞。

※　　　　※

……在神社或寺院的山門前，兩旁必然矗立石獅、哼哈二將像，一邊開口而另一邊閉口。開口的那一方表示「阿」，閉口的那一方表示「吽」，在「阿」與「吽」之間包含全宇宙。「阿吽的呼吸」，其典故由此而來……

……在印度教裡，將「歐姆」的發音「聖音」，也表示神的稱謂，據說熟悉「冥想」，便可聽到此聲音……

※　※

……佛教的眞言（咒文）中的「Om」或「歐姆」的聲音頻緊地被使用……

※　※

……日本神道的Ame（天）意指天神、創造主的住處……

——如此般，在各種宗教所使用的「阿門」「Amen」「阿吽」「歐姆」「Om」「Ame」等相似的發音，被認為與「他界的道」有密切的關係——

類似槍聲的「Darn」「Zudon」「Bagiuin」等的各種聲音與此相同。「阿門」「歐姆」等，也被認爲是以不同的口號表達同一種聲音。同時，此種聲音可能與「他界」的根源有關。

DNA與『易經』的共通點

另一種線索就是DNA（核酸）。生物的設計圖，一切都由DNA的語言加以記述之。當受精卵分裂時，此種細胞是否變成骨骼或肌肉或眼球的水晶體，均是參照其設計圖自動加以分化。不僅如此！舉凡心臟的運動、血液循環、肺呼吸、攝取食物而消化……等的生物營運，均記敘在設計圖中，甚至連本能與性格也被記述下來。

因此，只需要一個細胞，就可複製出完全相同的生物。

——DNA，被視為連接「他界」與「今世」的語言體系之一個例子——

然而最不可思議的是，『易經』的六十四卦的符號語與DNA的語言體系完全一致。連表示文章之始末的單語也相同。

……此可推測波爾等人被『易經』所吸引，必然有其深刻的理由……

與牛頓同時期，創造微積分學的德國數學家萊布尼茲，根據『易經』的語言體系創立了所謂「二進法」的數學。經過三世紀之後，以此種數學爲基礎而發明電腦，可能眾人皆知。因此……

—電腦的內部語言與「他界的語言」，可能屬於遠親關係—

至今在今世中知道的現象當中，與「他界的道」有關的就是這些。此均隨著科學的進展而使「道」的解明更向前一步。先前對「他界」的正確記述，只能加以放棄而頂多作一些幻想，並無其他方法可行。

『般若心經』記述雷射攝影宇宙模式

如此般可從宗教獲得有關「他界科學」的啓示，相反地，試著參照「新科學」，則對於宗教教義眞髓的理解更能深入。

推測二十一世紀時，將可進一步解明而邁向「科學與宗教統一」的道路。

※　　※

以下站在波姆所主張的「明在系」與「暗在系」的觀點來看『般若心經』。

——色不異空，空不異色，色即是空，空即是色（般若心經）——

「色」意謂有形，顯然指的是「明在系」。
「空」意謂無形，即指「暗在系」。
「色即是空」意謂「明在系」與「暗在系」爲表裡一體而不可分離，亦即「雷射攝影宇宙模式」。在同一句話中反覆說了四次，因此，可看出其強調之意。
波姆曾與達賴喇嘛爭論此一問題。

——佛教所指的「空」的思想，意味一切事物的本質為空。事物並非由自身的本質所產生，而一切事物在相互依存的關係中，由全體所產生，之後又回歸於全體，因此與「暗在系」的想法幾乎相同（波姆）——

令人難以相信的是，『般若心經』的內容，其實是在記述「雷射攝影宇宙模式」與「正交變換」，此同時也造成大多數人相當的衝擊。

※　※

……能作如解釋的，就是「新科學」「他界科學」的特徵……

謀求人類幸福的「他界」科學

但其實不值得大驚小怪。因爲『般若心經』所記述的內容更奧妙。例如：記述依據「冥想法」的體驗可理解「明在系」與「暗在系」互爲一體，並且能夠消除一切困厄。

當然在此所指的理解，並非一知半解，而是達到「開悟」之意。但如果本書所記載的「他界的科學」更爲進步的話，則可能開拓解決人類苦惱的道路。

依據佛教的開導，人類一切痛苦與疾病的原因就是「無明」，此乃是由於不了解宇宙的眞理所引起的。表示不了解「他界」，因而才會執著於「今世」之「我慾」，因「我慾」得不到滿足，才會產生痛苦。

假定距離「開悟」的境地還很遠，則只能明確有關「他界」形象的知識的可能性會更大。

※　　※

……只知在「他界」中，你與我爲一體，則對於「我慾」的執著便會減少才是……

……知道在「他界」裡，既無過去也沒有未來，則對於老死的恐懼多少會緩和些……

※　※

……感動於「宇宙的架構」的神秘，則可能對於金錢、地位、聲譽執著的小我能夠加以擺脫……

※　※

——自牛頓以來愈加發達的近代科學，其「今世的科學」對於人類物質文明的發明有所貢獻，不容置疑，然「新科學」所追求的「他界的科學」，對於人類的幸福則有直接的貢獻！——

◎ 第4章

反主流文化的遺產

——搶先「精神時代」的嬉皮族

腦部本身就是「雷射攝影宇宙」

關於「雷射攝影宇宙模式」，除了波姆以外，卡爾·布里普蘭也加以提倡。卡爾·布里普蘭曾擔任史丹佛大學的神經生理研究所長，不但是著名的大腦生理學者，也是「新科學」的首腦之一。

他透過空間周波的分析，發現人類視覺資訊的記憶被腦部的全體以雷射攝影的方式加以密碼化。

過去腦部被認爲有如電腦記憶器一般，其各部份分擔獨立的機能。例如：語言中樞與聽覺區等發現，以及左腦（支配語言與論理）與右腦（支配情感與直覺）的功能分擔的發現，其機械論的分析被評估得極爲成功。

但其後的研究更進展的結果，反而無法掌握腦部功能。例如：發現即使將動物的腦部聽覺區全部去除，仍會殘存聽力。由於如此，才判定「○○中樞」、「△△區」的腦部部位並非集中處理各別機能，其實這只不過是成爲有關其機能的焦點而已。

這意味著各種機能均與腦部的全體有關。故不可只依賴機械論的腦部模式來加以說明。

由於如此，布里普蘭提倡「腦部的雷射攝影模式」。

——「雷射攝影」一辭，只不過是個比喻，猶如得到鑰匙的狀態。使用鑰匙開門，可見到房間中的內容。但鑰匙本身並非房間。至於可看見的房間內容如何，則是存在於現實中我們所認識的離散性（可分割為各部份）的秩序背後潛在性、分布性且無法分割的秩序（布里普蘭）——

他以腦部作爲出發點，最後才確信「宇宙全體爲雷射攝影的構造」。然而，得知波姆所提倡的模式與他相同，兩人因而更加投緣。

以理論物理學爲出發點的模式與以大腦生理學爲出發點的模式，很奇妙地成爲一致。

——腦部之所以會為雷射攝影的構造，其實是極為當然的道理。因此，「宇宙全體為一種雷射攝影模式」，並且腦部為宇宙變化中的一部份（布里普蘭）——

布里普蘭預言「科學與宗教的統合」

他與介紹「禪」給美國的亞蘭·華特甚爲親近，因而了解此種宇宙觀存在於「東方哲學」之中。

其後，與波姆·克利休納莫若提師事，因而更加深鑽研「東方哲學」。

> ——過去的科學與宗教上所主張的人類精神各層面互不相容，但今後將會有相當大的轉變。到了二十一世紀，科學與宗教可望被視為一致而研究下去。由於如此，一切層面將對我們生活模式帶來重大的影響（布里普蘭）——

波姆與布里普蘭的假設產生很大的回響。但在個別的學問領域中，是否此兩人的假設均被接受呢？當受到相當多數學者的激烈批判。

他們的假設顯然超越一般自然科學的範疇。由於如此，數學性結論與實驗性驗證均進入困難的領域。

……到底他們的假設是屬於科學、哲學或者宗教……

此疑問往往無法排除。

……考慮二十一世紀的「他界的科學」被細分為現在學問的架構，可能過於狹窄……

『道自然學』的登場

有關波姆、布里普蘭等提示的假設所引發的激烈爭論，只是屬於一部份學者之間所發生的事，與一般人幾乎沒有關聯。

然而於「新科學」這一本書的出現，一躍而成為茶餘飯後的話題，同時也是被哲學家與宗教家等科學家以外的人們矚目的對象。

卡布拉

夫里契夫·卡布拉所著的『道自然學』（日文翻譯一九七九年工作舍出刊。原書出版為一九七五年）一書，在國際上頗為暢銷。

「道自然學」一書，其內容就是將『莊子』與『老子』的「道教」等的「東方哲學」，與近代物理學的相似性極為嚴密地加以考證。

卡布拉受到海森堡著作強烈的影響，因而邁向理論物理學者的道路，但一九六八年在巴黎大學進行高能量物理學的理論研究當中，經歷過「五月革命」，而開始進行各種哲學的思索。

然而因認識鈴木大拙的「禪」而為之傾倒。其後，到美國加州過著研究者與嬉皮族的二重生活。

※　　※

——我曾經歷搖滾舞音樂節、毒品、性解放、公社的集團生活等典型的嬉皮族的一切層面（生活）。嬉皮族的連帶感、安詳、信賴、公社裸體生活的解放感、毒品與依靠「冥想」的「意識的擴大」，這些使我的人生之中獲得最深刻且激進性的個人體驗（卡布拉）——

雖然現在幾乎看不到嬉皮族，但一九六〇年代到七〇年代期間，全世界中比比皆是。年紀較大的人可能還記憶猶新。

然而多半的人視他們為流浪者的一種而已。事實上，不修毛髮、奇裝異服、手腳上套著珠子、與毒品為伍以及「不分對象的性行為」等的行為舉止，難怪具有良知的一般市民會加以排斥。

「越戰」產生了嬉皮族

嬉皮族在反越戰運動中誕生。

美國國民原本是一群愛國心相當強烈的人。

從獨立戰爭以來，美國除了成為民主主義與國際正義與自由的旗手，並且建立世界模範的國家。與尚拖著「黑暗中世紀」影響的歐洲、前近代的東方以及踐踏一般人眾人權的獨裁國家相比，充分象徵「希望的新世界」的領導者。

參加第一次與第二次世界大戰以及韓戰，均獲得勝利，成為物質上空前富裕的國家，其藝術的繁榮、科學的進步，愈來愈能看見其所追求的理想更加順利進展。

但是，越戰一爆發。

……情形不太對……

多數國民都持有這種印象。

表面上裝著與過去戰爭一般的情節，好像是為了對抗共產主義的惡勢力所作的正義之戰，但敏感的人卻嗅到「越南民族主義」對「侵略者」的企圖。

然而，年輕人對於逼迫自己去參加「無理的戰爭」的體制強烈地反抗。

美國社會活力的根源來自於「自由」與激烈「競爭」。至於競爭的動機，就是「慾」。

所謂的美國之夢，就是成爲億萬富翁，而每人都有此一機會的原理，成爲美國社會的推進力。

因此，與仍保留階級社會傳統濃厚色彩的歐洲社會、受到儒教與佛教強烈影響的東方相比，比較直接表現出「慾」的社會的風潮。

對於此風潮，當時的年輕人也加以駁斥。因而渴望創造出更重視「精神生活」的新文化。

……此稱爲「反主流文化運動」……

※　　※

嬉皮族之所以奇裝異服的理由，或許就是「我們與頭髮整齊、西裝筆挺的精英上班族顯然不同」的意識表現。

反對第一次世界大戰而終生反體制派生活的海賽（德國詩人、小說家，曾獲得諾貝爾文學獎），是他們極爲崇拜的英雄。

在「自由」「和平」「博愛」的時代來臨的預感之中，1969年的夏天，40萬青年聚集在美國烏德斯陶參與搖滾舞音樂會。

「精神時代」的先驅者—嬉皮族

由於嬉皮族反抗西洋文明以及關心「精神生活」，因而對於「東方哲學」抱持強烈的憧憬。因此，對他們來說，「禪」『易經』「瑜伽」「輪迴轉生」等都只是一般常識。至於海賽對東方產生強烈憧憬，也是相當有名的。

多半的嬉皮族的實踐「冥想法」，而也有相當多的人直接前往印度拜師實習。佛教、喇嘛教、印度教、克利什那教等的盛行，多半的佈教者均相當活躍。甚至連空手道等的各種武道、指壓、針灸術也很流行。

極端的純粹主義，也是其特徵之一。由於討厭消毒水與防臭劑，因而多半的人均是素食主義者。

然而，「和平且美好的社會」成爲他們共通的遠景，其獨特的儀式、獨特的音樂、文學、詩等均甚爲發達。

> ——二十一世紀可能又會成為精神的時代。否則就不存在（安德列·馬爾羅）——

（馬爾羅為法國作家。曾到中南半島過著冒險生活，依其經驗書寫依據「東方哲學」的反戰性小說。）

可說嬉皮族的「反主流文化」運動為起端。我們只不過視為流浪者的一種，但其實可解釋為最尖端思想的先驅。

毒品與性——導致嬉皮文化衰退的兩種致命性錯誤

然其後的運動是否盛行而持續到二十一世紀呢？答案並非如此。反而在不知不覺中，其思想開始熄滅，世界中幾乎看不到嬉皮族。他們似乎犯上兩種致命性的錯誤。

……其中之一，就是「毒品」……

如前述，「毒品」與「腦內麻醉物」的分子構造相似。因此，在「冥想法」尚未熟練且「腦內麻醉物」的分泌仍不充分的狀態下，借助「毒品」的效用來體驗「意識的擴大」。

此方法成為嬉皮族常用的手段。然而，其實分子構造的差異，猶如神與惡魔的不同那麼地嚴重，「毒品」具有破壞人體神經系統的可怕弊害。

在嬉皮時代、LSD等所謂幻覺性毒品的弊害不太被理解，故不知不覺中，他們受到了傷害。連消毒水與防臭劑都討厭的他們爲何……。

毒品的使用對於精神運動造成異常的影響，不久之後使得其運動全部走向崩壞之路。至今對於精神世界抱持高度興趣的年輕人，依然沈迷於毒品之中。

毒品絕對不能加以使用！

受到精神世界的吸引，應該背負二十一世紀文化責任的年輕人，一旦其神經系統遭到破壞，便功虧一簣。

——由於如此，能正確指導「腦內麻醉物」分泌的「冥想法」之確立與普及，成爲燃眉之急——

嬉皮族的第二種錯誤，就是主張性開放。

……不要戰爭，而要彼此相愛……

此爲他們的口號。不要帶著槍去殺人，彼此相愛才是更重要的想法。

然而，卻認爲性行爲是自然的行爲，既不是秘密也無須害羞。

在他們的公社聚落裡，許多男女全裸地生活著，性行爲在公開場合裡進行。因此，出生嬰兒的父親是誰根本無法辨認，養育孩子爲共同的負擔。

……雖然如此，在內部中卻很順利地發揮了另一種社會機能……

可是由於與外部社會的一般常識差距過大，因而運動本身的擴大遭到限制。卡布拉與其愛妻離婚一事，是否爲這個原因，就不得而知了。

……但是「冥想」與「性行爲」可能有密切的關係……

在學問上與性行爲最有關係的腦內神經，在「冥想」時也擔任重要的任務。

人類創造性根源於「A_{10}」＝「快樂神經」

——擔任人類「創造性」與「快樂」的同一神經，即所謂的「A_{10}」。又稱為「快樂神經」，與「恍惚神經」有所區別，其分布於腦丘下部至額頭連合區之間。

只有人類才擁有「A_{10}神經」，其他動物腦內似乎也存在此種神經，但卻微弱得無法比較。

此「快樂神經」，就是使人類具有人類特徵的神經——

此種神經在「快樂」「高興」「興奮」時會產生亢奮，促使我們發揮「意願」或「創造性」。因此，其可解釋爲支配「人類精神」的神經。

依據「冥想」而分泌「腦內麻醉物」時，「A10神經」會相當興奮並且強化。接下來，可能就會達到「開悟」的境界。

使用「毒品」後，這種神經也會產生興奮。乍見之下，猶如「冥想」相同的狀態。或者屬於惡魔的興奮，「A10神經」逐漸被破壞以致於變成七零八落。因此，人類既無法感到「興奮」，也無法覺得「快樂」，而在不知不覺之中連「意願」與「創造力」也喪失殆盡，亦即如同「廢人」一般。

——「A10神經」就是能夠通往「開悟」境界的「神聖神經」——

……但不知什麼原因，此一神經在性行爲時也會產生興奮……

「聖」與「性」視爲相同，並非偶然。

由於如此，不少的宗教修行法中採納了性。印度教與密宗的一部份，即有此種情形。

「A_{10}神經」就是使人類具有人類特徵的神經

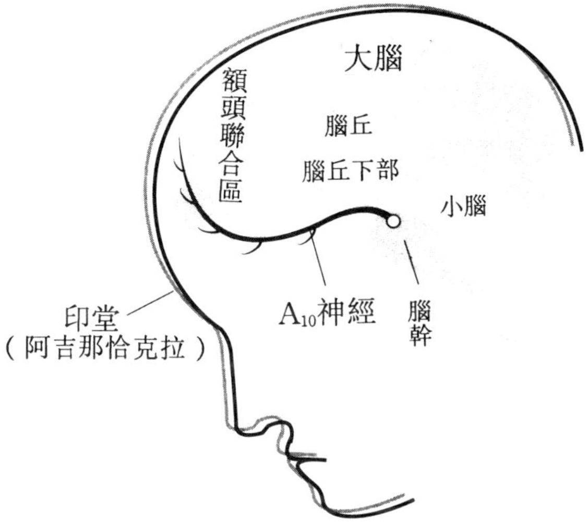

「氣功法」裡，也有所謂的「房中」的手法，但歷代的中國皇帝並不是爲了修行法而傾向「追求快樂」的方向，故眞正的傳統被中斷了。

據說佛教『理趣經』的經文，也記叙了性的修行法。

……所謂的『理趣經』，就是古代空海借給最澄，導致兩人關係惡化相當有趣的經文……

最近在日本綽號爲「和尙」的印度敎僧侶休里拉吉尼亞所指導的「冥想法」集團，也是採納了性。

……因此，以歷史觀點來看，並非只有嬉皮族才具有特別怪異的行動……

依據「A_{10}神經」機能看來，應用性強化了

「冥想法」，並促進「腦內痲醉物」的分泌，其手法十分有道理。

……可是……

人類的命運相當悲哀，搞不好就沈溺於快樂之中而墮落下去。

由於了解此種傾向，故社會本身便決定了規律，並以公序良俗作爲旗號來防患人們沈迷於淫樂。

……有史以來，淫樂的宗教從不廣泛普及化……

反而設定嚴格戒律、禁慾的宗教，較受到社會的歡迎。或許人類社會的根本法則就是如此。

與偉大人物海森堡見面的卡布拉

話說回來，我們再來談談卡布拉。他雖然借助毒品，卻也因此得到「量子力學的眞髓、東方哲學」的眞知灼見。

卡布拉曾將其書寫的小論文送給多位的物理學者。雖然多半的學者加以忽視，但他所崇拜的海森堡卻給予強力且激厲的回函。

當然，當時卡布拉在經濟上相當困窮。

對於「量子力學」與「東方哲學」有關的研究，並無研究機關樂意給予經費上的幫助。

他以從事技術性的文章翻譯與家庭教師維持三餐，有時擔任物理學者，有時扮演「東方哲學」研究者的角色或者嬉皮族等，勉強維持生活。

至於外出旅行只攜帶睡袋，而沿途搭車旅行。

※　※

——旅行其實很簡單。只要把拇指朝上翹起來就好。沿途搭車時，不是被人問其星座爲何，就是被招待抽「葉子」（大麻），沈醉於Greatful Dead（一搖滾樂隊名稱）的一首小夜曲，與夥伴們談論海賽的詩文或易經（卡布拉）——

※　※

像這樣，卡布拉依靠沿途旅行而參加了物理學的學會，前往奧地利尋找雙親，然後到德國慕尼黑與海森堡見面而感激以對。

※　※

——隔著桌子坐在對面的他，令我十分感動。我眼前的這個人，乃是今世紀最大知名的偉人之一。在他身上，既無

伽利略

威嚴的誇示，也無壓迫感，使我覺得極爲舒服（卡布拉）——

其實，卡布拉到這時才發現到海森堡受到「東方哲學」極大的影響。此時，海森堡告訴卡布拉，以前他曾經到印度著名詩人泰戈爾家中作客一段時間，其間所學習的「印度哲學」對於「量子力學」的完成有很大的參考性。

……卡布拉的震驚，眞是難以想像……

因爲過著「物理學者」與「嬉皮族」雙重生活極爲特殊的環境下，突然領悟到「量子力學與東方哲學的相似性」，而促使他轉向物理界契機的偉人，竟然也發現其事實並認眞地研究。

> ——過去數十年期間，日本物理學家對於物理學的發展有著相當大貢獻，說不定就在於東方哲學的傳統與「量子力學」根本上的相似性（海森堡）——

可是卡布拉卻微笑回答說：「我所認識的日本物理學家，比歐洲人更否定東方哲學。」

……那是一九七二年的事……

因明治維新而喪失「東方」特徵的日本

至明治維新之前，日本顯然具有濃厚「東方」風格。學問方面特別注重道教、儒教、佛教、『易經』，而醫學只有漢方醫學。然幕府末期至明治時期則完全改變。

……因為引起「笛卡兒、牛頓的近代科學思想」……

其理由，就是為了避免成為列強的殖民地，日本必須採取「富國強兵政策」，才能存活下來。

不能只是談論「輪迴轉生」，而必須製造大砲與軍艦，因此，最迫切需要的是「牛頓力學」。

難怪明治時代的日本指導階層們，拼命地否定「日本之中的東方」風格。

——明治維新後的一百年，近代科學更加進步，方才發現它愈來愈接近「東方哲學」的思想。指出這種傾向的，並非東方人士，而是遠離東方的歐洲最尖端的科學家——

第5章

暗示「他界」的「超帶子理論」

——蒲朗克標度（$=10^{-33}$ cm）之謎

接受東方哲學的物理學者們

加入名人行列後的卡布拉，在財政上愈來愈富裕。由於『道自然學』成爲暢銷書，使得其演講場次綿延不斷。

雖然如此，學界並未接受他的主張，身爲研究者的他仍然處於失業狀態。但以這本書爲契機，多數科學家開始提出最新的物理學理論，與「東方哲學」有類似性。其實，以前他們就發現此事實，但由於內容太過意外，故不敢公開表明出來。傑夫利·邱也是其中之一人。由於此因緣，原本被學界完全排除的卡布拉得以在研究小組任職，再度邁向物理學者之道路。

當時，邱在加州柏克萊大學分校帶領「鞋帶理論」的研究。

——此理論主張世上未存在終極的基子，宇宙猶如鞋帶理論中的鞋帶一般相互依存的「宇宙模式」——

過去物理學，一直努力發現構成物質的終極基子。從分子轉爲原子，接著爲電子、質子、中子，逐一被認爲構成物質的最小單位，但卻又發現它們本身都是複合的構造。然最新的候補者，就是所謂的「夸克」。

另一方面，舊理論認爲大自然並非具有明確基本特性的集合體，而是說明一切部份與其他部份相互依存的一種活力織物狀態。

其研究小組在研究一連串的特殊數學時，並未使用夸克的概念，而是建立了巧妙的最新實驗結果理論。在研究途中，發現此理論與大乘佛教的概念相同而愕然。

——那是一九六九年的事。當時學習「東方哲學」，就讀高中的兒子，告訴我大乘佛教的震驚與不甘願。

我認爲佛教就是非科學的概念，但卻與我的理論一致，這使我非常狼狽。然而經過相當長久的時間之後，當初的狼狽與困惑，終於轉爲敬畏之念（邱）——

這已是『道自然學』刊行六年前的事，在與卡布拉見面之後，邱對「東方哲學」抱持尊敬的心。故與卡布拉意氣投合而聘請他到研究小組工作。

卡布拉在邱的研究小組當中，將其理論更加發展。然此種理論基礎的「S（散射）矩陣」的數學方法，原本是海森堡所提案的。

從「鞋帶理論」發展爲「超帶子理論」

波姆對「鞋帶理論」的發展相當欣慰。他認爲此乃是支持「雷射攝影宇宙模式」

的理論。

——「鞋帶理論」的概念，被認爲是「暗在系」的表現形式（波姆）——

但並非因爲如此，就能得到完美的理論，在經過二十年後，現在物理學的主流已轉變爲「超帶子理論」。

由於基子的根源，就是長度爲 10^{-33} cm（十的負三十三次方，實際的數字爲0．00000000000000000000000000000001cm）微小「帶子」的理論。這種 10^{-33} 的尺寸，被稱爲「蒲朗克標度」，在物理上含有特別的意義。在後面再詳細說明。

……可是……

各位知道使用手指頭輕輕接觸吉他弦的中央，就會發出比開放弦更高的聲音嗎?此稱爲諧音，在古典吉他演奏時常常被使用。

弦的振動如下頁圖示，含蓋振動的形式，而混合一起形成微妙的音色（參照第三章）。使用手指頭輕觸吉他弦的中央，則奇數次的高調波（基本波、第三高調波、第五高調波……）等不會振動，只有偶數次的高調波（第二、四……）才會振動，故聲音特殊並且清澈。

吉他弦的振動形式

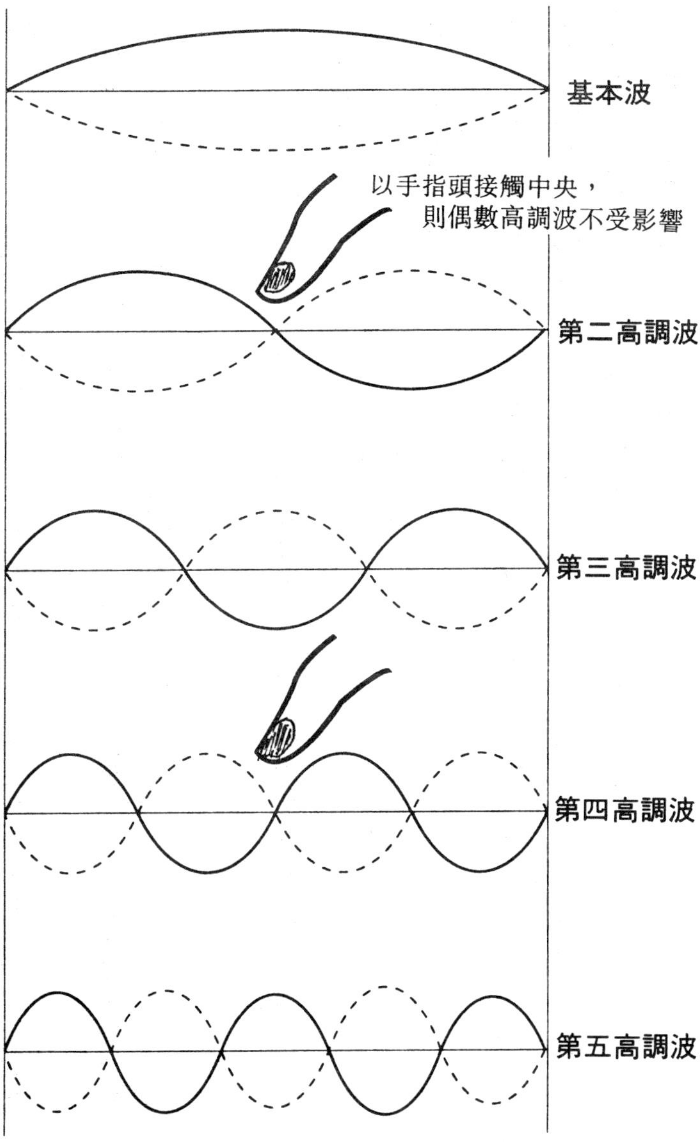
基本波
以手指頭接觸中央，
則偶數高調波不受影響
第二高調波
第三高調波
第四高調波
第五高調波

亦即指同樣的弦因手指頭的接觸，不但其振動形式會變化，並且音色也會變化。

……接著……

「超帶子理論」就是指一條微細的「帶子」因不同「振動形式」的振動，而呈現不同基子性質的理論。事實上，過去發現多數種類的基子性質，均可依據此理論加以明確說明。

—一旦解開「超帶子理論」的方程式，將會造成宇宙為「十次元」或「二十六次元」的結論—

直徑 10^{-33} cm的通心粉

其實這種理論很奇怪。因為我們所認識的宇宙就是三次元的空間與一次元的時間，亦即「四次元的時空間」，故十次元或者二十六次元的說法令我們無法接受。究竟多餘的次元到哪裡去呢？是否如科幻小說家所說的那樣隱藏於「異次元」之中。

……物理學家將此理論說明如下……

首先想像通心粉的形狀。外表看來，好像一條帶子，但其實內部中空，被管壁包

二次元平面被摺疊爲通心粉狀

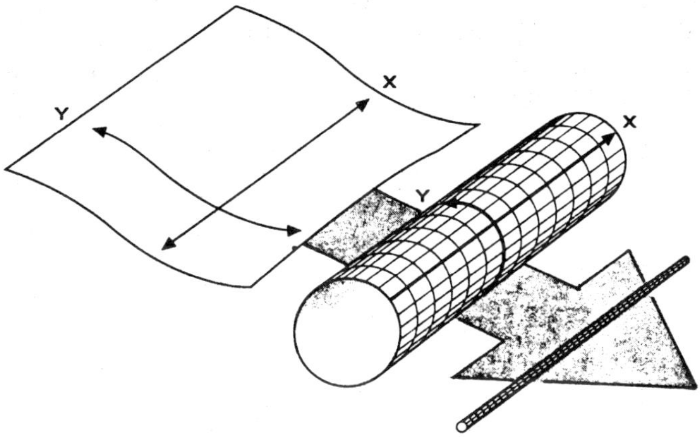

圍著。若將管壁的厚度忽視不管，則可解釋由原來的二次元平面而轉變爲管狀。如果通心粉呈現極爲細長的狀態，則會形成如義大利細麵一般的一次元帶了。然而其餘的一次元則被摺疊起來。

依據「超帶子理論」，認爲通心粉直徑爲10^{-33} cm，即與「蒲朗克標度」一致。但通心粉的長度卻是宇宙的直徑（10^{28} cm＝一五〇億光年）。既然差距如此地大，當然找不到被摺疊起來的次元。

依據這種想法，可將我們所觀測的「四次元的時空間」與以「超帶子理論」所定義的多次元宇宙的矛盾關係，勉強解釋出來。

當然，在現階段中無法斷定是否正確。理由在於尚未作好實驗的驗證。

「超帶子理論」的大可能性

……但科學家對於這種理論的期許相當高……

以前曾認爲基子的候補者是原子。發現周期律之後，許多原子被加以分類。其後又發現了原子核，而原子曾被認爲只由「電子」「質子」「中子」等三種基子所組合而成的。此種想法與認爲多數原子成爲基本的基子的學說相比，被視爲既單純且完美的終極基子模式。

隨著實驗方法的進步，逐一發現新的基子，後來發現的超過二百種以上，科學家爲此分類感到相當煩惱。

「夸克理論」，就是依據假定的六種更微細的基子將過去所發現的二百種以上的基子全部都進行說明的理論。

（一九九四年四月二十三日的朝日新聞早報第一版刊載：表示命名爲ｔｏｐ的第六種「夸克」的存在爲可靠的實驗結果的消息。）

「超帶子理論」取代了這六種「夸克」，而是依據一條「帶子」、振動形式的差距來說明二百多種的基子，並且也解決因「夸克理論」而讓科學家困擾的數學性矛盾的擴散問

朝日新聞　1994年(平成6年)4月23日　土曜日　38869号　(日刊)

未発見の「物質つくる粒子」

トップクオークを確認

日米伊など共同研究班

素粒子理論裏付け

実験のなぞが今後の課題に

タナカのふりかけ

旅行の友。

依據强力粒子加速器所進行的實驗，結果確認第六種夸克的存在（「朝日新聞」一九九四年四月二十三日早報）。

題（計算上，某種値爲無限大）。

科學界中常有流行或衰萎的情形發生，在「鞋帶理論」逐漸衰萎之後，接著「超帶子理論」一躍成爲流行的先端。

……完美……

爲其理由。

大自然旣單純且完美，其背景就是大家的默契。意想不到自然科學竟然注重美學的要素。

「大統一理論」完成的日子接近了

「超帶子理論」被認爲完美的理由，還有一個。即臆測能統一說明支撐自然界的「四種力量」。

此被稱爲「大統一理論」，愛因斯坦曾挑戰此一問題，但仍未找到線索。

何謂「四種力量」……

(1) **重力**

(2) **電磁力**

(3) **強勁核力**

(4) **微弱核力……等等。**

(1)**的重力**，衆人皆知。亦即牛頓所發現的萬有引力。

(2)**的電磁力**，也是人人熟悉。亦即磁石的力量與靜電力，以及支配電波與光波的力量。

(3)**的強勁核力**，了解它的人比較少。這也難怪。亦即統合「原子核力量」，然只在微小距離內發生作用。依據我們所能檢討的尺度，根本無法觀測得到。

這種力量在日本第一位獲得諾貝爾的湯川秀樹的介子理論中有詳細的說明。

(4)**的微弱核力**，只在微觀世界中發生作用。亦即支配放射性原子核分裂與崩壞的力量。

至於此「四種力量」分別獨立而被加以發現，也各別發展出其固有的理論。

……未免太奇怪了……

以愛因斯坦爲首的物理學家們均有其共通的認知。總之，並不完美。本來的物理理論，必須將「四種力量」加以統一記述才是。

其歷年來的課題，在不多久之後，「超帶子理論」會被達成。

——現存的幾位物理學家，在有生之年可能會目睹「大統一理論」的誕生。但此期間必須以人類未使用核子彈破壞地球為前提（賀京）——

「超帶子理論」也主張一般常識中的「空間」概念，故必須徹底改變才行。

空間縮小，性質也跟著改變

我們相信空間可無限制地分割若干小區域。同時也認爲無論分割爲多麼微小的區域，空間的性質都不會改變。

「牛頓力學」的基礎爲「微積分學」，認爲可以將空間分割爲無限小的區域，反之集合到無限大的數目時，就會回到原來的空間概念爲出發點。

……但「超帶子理論」卻認爲這種概念是錯誤的！……

亦即主張空間分裂愈爲細小，其性質會改變的一種理論。

這種理論已有某一程度的預測。

如前述所言，在基子世界中，已經確認一個電子能同時通過兩個洞。由於尺寸愈小，粒子的性質會兼具波動的性質。由於如此，「牛頓力學」就無法再適用，而必須運用「量子力學」，此在之前曾敘述過。總之，尺寸之大小會造成物理學的改變。然在「量子力學」的理論上，空間被認爲「點」的集合。本來「點」是有位置的存在，而尺寸是零的概念。假定空間的性質因尺寸大小而改變，則「點」的概念就不適用。

這麼一來，問題未免太複雜了……

既然「點」無法定義，那麼多半的數學方法就不能使用。因此，今後不依存「點」的新數學體系將會發達起來。

至於「超帶子理論」如此地步入艱難的道路，但卻著實地朝向「大統一理論」而提升效果。

……例如說……

前述的⑵**電磁力**及⑷**微弱核力**能進行統一的記述，僅限定於 10^{-16} cm更小尺寸的範圍。再加上⑶**強勁核力**的話，則尺寸爲 10^{-29} cm以下。

最後加上⑴**重力**而達成「大統一理論」，尺寸應爲 10^{-33} cm，亦即「蒲朗克標度」以下的尺寸，然尚未完成。由於「蒲朗克標度」屬於現在數學所能對應的極限尺寸，因此，其以下的尺寸目前尚未建立理論來。

掌握最後關鍵的「氣」力說法

不少人列出「大統一理論」難以完成的另一種理由。他們主張支配自然界的「四種力量」概念是錯誤的。

——認為支配自然界，其實應該有「五種力量」，而第五種力量就是「氣」——

最近，由於「氣功法」相當盛行，所以聽過「氣」一辭的人應該不少。瑜伽術將它稱為「普拉那」。與生命現象有密切關係的未知能量，雖然自古以來就相當有名，但科學的解明幾乎沒有進展。

如果「氣」以科學立場正確地解明其存在的事實，則「大統一理論」便可完成。

許多科學家依據「冥想」等獲得如此的眞知灼見，進而嘗試加以公式化。但依據現狀來看，不只無法公式化，連現狀也無法加以測定。

也許反而能開發通用語「蒲朗克標度」以下尺寸的理論，則說不定「氣」的問題也可以解明。

「暗在系」與「超帶子理論」

——在「蒲朗克標度」即 10^{-33} cm以下的尺寸下，則「時間」與「空間」的概念會消失——

請各位回想以前所學習的「萬有引力的法則」。是否記得「引力與距離的平方成反比」的道理。距離爲1 cm的萬有引力是 10^{-33} cm的萬有引力的 10^{-66} 倍之多。

此使用了傳統「牛頓力學」的表現方法，而依據前述的最新物理學，卻表現出「時空間的扭曲」。亦即比「蒲朗克標度」更小尺寸的空間，其本身的「時空間的扭曲」會擴大，結果使得「時間」與「空間」無法加以定義。

……各位是否覺得與某種定義相似……

是的，與第三章所敘述的「暗在系」定義相似。當「時間」與「空間」不存在時，多餘的次元會摺疊到「蒲朗克標度」以下等等，可看出與「暗在系」的共通點不少。

—雖然與數學方法不同，但可解釋為「超帶子理論」也是一種「暗在系」的表現形式—

物理學理論的適用範圍

前面從「牛頓力學」開始，其次諸如「相對性理論」、「量子力學」、「鞋帶理論」、「超帶子理論」等簡單說明過。接著比較理論適用的範圍。

首先有關「牛頓力學」的適用範圍，此在前面敘述過，必須以運動物體的速度比光速慢為前提。

至於適用的尺寸，大約為氫原子的直徑 10^{-8} cm到地球的直徑 10^{9} cm之間。或許各位會持有其範圍狹窄的印象，但只是如此，對地球上的建築物、交通工具均能加以設計。如前述，多半的人類活動，都在「牛頓力學」的範圍內。

然而計算人造衛星的問題或太陽系的行星軌道時，「牛頓力學」會產生誤差。精密的

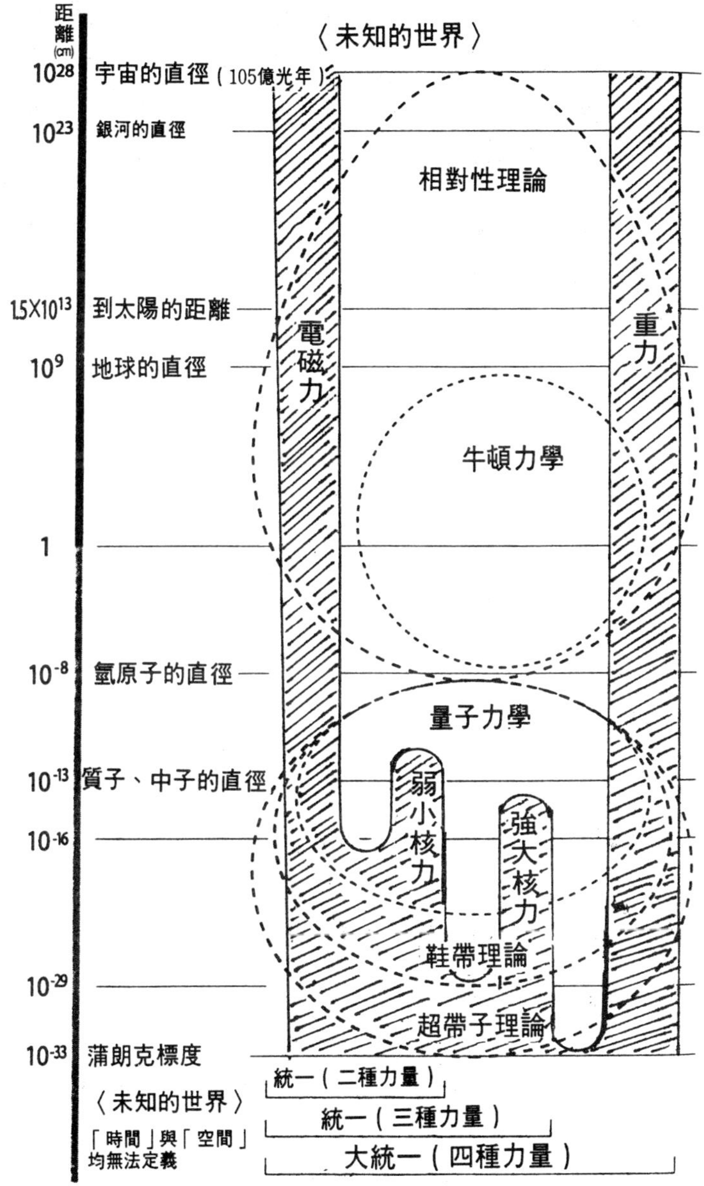
距離
(cm)
〈未知的世界〉
10^{28} 宇宙的直徑（105億光年）
10^{23} 銀河的直徑
相對性理論
1.5×10^{13} 到太陽的距離
電磁力
重力
10^{9} 地球的直徑
牛頓力學
1
10^{-8} 氫原子的直徑
量子力學
10^{-13} 質子、中子的直徑
弱小核力
強大核力
10^{-16}
鞋帶理論
10^{-29}
超帶子理論
10^{-33} 蒲朗克標度
〈未知的世界〉
「時間」與「空間」均無法定義
統一（二種力量）
統一（三種力量）
大統一（四種力量）

計算需要藉助「相對性理論」。同時依據相對性理論，可將宇宙的直徑適用於10^{28} cm，但驗證極大的尺寸時，則未必適用。

比10^{28} cm的距離，目前尚屬於「未知的世界」，其現象尚未加以把握，因此無法設立理論。

另一方面，極微的世界是以大約氫原子的直徑10^{-8} cm爲「相對性理論」的限界，而更少者屬於「量子力學」的世界。「超帶子理論」比「量子力學」、「鞋帶理論」更適合微細尺寸的記述。

但其境界未必可明確化。

——在我們可以知覺的尺寸內，其力量只能觀測「重力」與「電磁力」，然微小世界裡，尚存在著「強大核力」與「弱小核力」。

其全部均可以加以統一為「蒲朗克標度」即10^{-33} cm以下的尺寸，但此乃完全屬於謎樣的未知世界所通用的言語或論理或數學，目前仍然未被發現——

第6章 ◎「他界」的假設

——解開「開悟」或「超能力」的秘密

解開未知「他界」的假設

——蒲朗克標度只不過意味者「到此標度內所能適用的一般時間、空間的概念」的一種界限値。因此，認為在超越界限的微小世界中「什麼皆不存在」的想法未免過於獨斷。寧可認為超越此標度的世界中，存在著我們不了解基本性的領域……此類的一群領域……確實存在著（波姆）——

在「蒲朗克標度」以下的極微尺寸中，可能隱藏著秘密的世界……的「新科學」的結論，最欣喜的就是超常現象科學（以超常現象爲主，利用超能力者進行實驗研究的學派）與心靈現象的研究者。

過去受到周圍強烈指責「非科學的」的他們而言，認爲「支持我們信念的科學學說終於出現」。

由於如此，他們獨斷定義比「蒲朗克標度」更小的基子而企圖解說「超能力」、「超常現象」、「心靈現象」。

然大半的人都未受過作爲科學家的訓練，所以無法建立批判或驗證的價值性假設。就純粹的科學家而言，有關「蒲朗克標度」以下尺寸的資訊顯然不足，而找不出線索來。

本書先大膽地……

……**假定「他界」被摺疊爲「蒲朗克標度」以下的尺寸**……

……以此爲假設時，驗證所引導的結論，採取此一方式。

假定驗證的結果恰當，則假設的正確可能性相當高。

這也是一種近代科學的方法論，但與本書所記載的科學性「假設」相較，寧可說是處於前一步的階段。

以下將結論與驗證分別加以叙述之。

假設1

——「他界」是均等存在於各處——

此爲當然的道理。因爲任何空間在經過分割之後，會變成「蒲朗克標度」以下。

由於如此，我們身體之中或砂粒之中或宇宙空間的眞空中也存在著。

亦即意味「他界」既非漂浮在天空中，也非存在於教會或寺院或佛壇之中。

假設2

——「他界」並無「時間」與「空間」的存在——

此與第三章所敘述的「正交變換」引導出的結論相同。反過來說，必須思考「蒲朗克標度」以下的尺寸會因「時間」與「空間」的不存在，而使「他界」可能被摺疊於此世界中。

假設3

——「他界」充滿能量——

關於此一假設，需要更詳細的說明。依據「量子力學」，可知粒子具有波動的性質。至於其周波數而言，粒子尺寸愈小者愈高。

能量與周波數成正比，故愈小的粒子其能量愈高。

至於「量子力學」無法確定粒子的「存在」，只是經常具有「存在機率」。此一理論追究下去，結果發現「空間」與「粒子」的區別模糊不清，且「空間」本身具有能量。然而「空間」愈小，其所具有的能量較高的可能性大（此稱爲「零點能量」。更正確地說，由於量子的電磁場之波動發生了能量）。

「空」隱藏莫大的能量

前面說明過「暗在系」與佛教的「空」之對比，結果似乎並非「什麼均不存在的死亡世界」，而是「充滿能量的活躍世界」。

——以「蒲朗克標度」為最小波長，來計算一立方公分的空間能量，結果比現在已知的宇宙一切物質所擁有的總能量更大（波姆）——

什麼均不存在的「空」世界，其實隱藏莫大的能量。此概念比較無法想像。實際上，在我們身邊也有極爲類似的例子。

……例如：太陽光……

太陽光雖被稱爲「白色光」，但卻不具有「顏色」。亦即無色彩的。

然如彩虹一般，可以使用稜鏡從中取出各種色彩。因此「白色光」即包含一切色彩的無色。

與此相同，「空」就是包含一切能量卻什麼均不存在的狀態。

既然「他界」摺疊著「今世」的一切，故不充滿能量怎麼行呢？

假設4

——人類的「思考」與「想念」是極爲精妙的水準所激勵出來的——

波姆認爲「思考」與「想念」比「物質」更直接地存在於「暗在系」中。

占有空間的「物質」，若未經過「正交變換」的「變化」，則無法存在於「暗在系」中，但本來未具備形態的「意識」並不需要「蛻變」。

腦部就是想念「他界」的「變換器」？

……此即意味「思考」與「想念」未必從腦細胞的水平中發生……

電腦中的「思考」作用的記憶與計算，以一比特爲單位的記憶單元。本來認爲人類與電腦同樣是以腦細胞爲單位進行「思考」。

但認爲「思考」與「想念」是被摺疊於「蒲朗克標度」以下尺寸的「他界」所激勵而起，則此種想法就大錯特錯了。這無異表示腦細胞不過是「變換器」或「收發訊器」而已。

假設5

——人類的「意識」不會停留在物理性腦部所占有的空間內——

假定腦細胞是介於「副（Sub）蒲朗克標度領域」（Sub的接頭辭，意味著「以下」。亦即比蒲朗克標度 10^{-33} cm更小的領域）與人體之間的「變換器」或「收發訊器」，其「副蒲朗克標度領域」未必然被限定於腦部所占有的空間內。

解釋爲腦部周圍或更遠方的奧妙空間內，均普遍存在「意識」的想法並非不自然。

容格認爲此理論是爲解說「集合性無意識」假設的有力方向。

有關此問題，後面再作詳細的說明。

假設6

——「傳心術」是被摺疊於腦外的「副蒲朗克標度領域」，由多數的人類意識相互作用所產生的——

若腦部外側存在「意識」的話，則存在多數人類所共有的「副蒲朗克標度領域」也不足爲奇。其領域與各自的腦細胞之變換，可順利依靠「傳心術」進行通訊才是。

假設7

——「透視」是摺疊物質的「副蒲朗克標度領域」與人類細胞之間的變換所達成的——

如前述認爲「物質」是依據「正交變換」而摺疊於「副蒲朗克標度領域」之中。人類的「意識」也摺疊於相同領域之中而讀取物質資訊，亦即「透視」的架構。無論物質或意識或想念，一旦被摺疊於「副蒲朗克標度領域」之中，則將隸屬於同一世界，從此角度來看，「傳心術」與「透視」的本質並無兩樣。

□□**假設8**□□□□□□□□□□□□□□□□□□□□□□□□□□□□□□□□□

——「預知」也是與「傳心術」或「透視」相同架構所發生的——

「副蒲朗克標度領域」並不存在「時間」的概念，亦即意味過去、現在、未來的全部混合在一起而被摺疊著。因此在本質上，「預知」現象是與「透視」完全相同的架構所產生的（但時間的差距愈大，其變換的信號愈模糊的可能性愈大）。

□□**假設9**□□□□□□□□□□□□□□□□□□□□□□□□□□□□□□□□□

——當「副蒲朗克標度領域」的變換或物質的「正交變換」愈接近物理性時，腦細胞的影響力愈大——

進行「傳心術」或「透視」的實驗時，距離愈近，其成功機率愈大。此可能是因意識對於「副蒲朗克標度領域」的摺疊愈接近腦部時愈濃厚，而愈遠離時的影響力愈小的分布狀態。

在第三章的「正交變換」之說明，曾指出我們身體中摺疊著全宇宙爲正確的說法。但接近宇宙的影響較強。假定存在「仙女座大星雲」的影響力，但卻極爲微弱。此在邱所主張的「鞋帶理論」中，曾使數學方法加以公式化。如前述，依據此理論定義宇宙任何微細部份均形成全宇宙的相互依存關係。

亦即爲了瞭解一個基子，必須進行全宇宙的積分。

然而不可能眞正進行全宇宙的積分。但仔細調查後，便可發現接近的空間比遠空的影響更強而被理論化。

爲了進行精密的計算，積分某種有限的宇宙空間範圍，則可獲得近似値。

可能在腦細胞與物質有關的「副蒲朗克標度領域」中，也都有相同的構造。

但實際上，「傳心術」與「透視」在極遠方也能獲得成功，因此，摺疊性的空間擴散在遠方濃度稍微淡化，卻被認爲是全宇宙領域。

本書所敘述的「他界的假設」，尙且無法以數學方法加以公式化，但積分所必要的接近空間範圍極爲廣大，若以普通的數學來計算可能相當困難。

□□假設10□□□□□□□□□□□□□□□□□□□□□□□□□□□□□□□□

——物質與想念具有相互作用——

念力與超能力者

例如：念力。

前些日子，「超能力者」尤里凱特訪日，其表演以念力彎曲湯匙的技術，可能各位還記憶猶新。據說電視觀衆中，有不少人發揮了「念力」，結果在日本境內多數的湯匙都呈現彎曲狀態。

尤里凱特目前仍然健在，而最近在我眼前表演湯匙彎曲的技術。他摩擦湯匙後而將它放在桌子上，在沒有人用手去接觸當中，湯匙卻慢慢彎曲，直到最後彎曲的角度約爲一百二十度。

最近在日本能彎曲湯匙的人出現不少。我數次親眼看見一般的上班族輕輕鬆鬆地彎曲湯匙的情形。

□□**假設11**□□□□□□□□□□□□□□□□□□□□□□□□□□□

——所謂的「超能力者」，意味著念力強烈，不但在「暗在系」中操作「意味之場」的力量，同時也能讀取「副蒲朗克標度領域」的物質或他人想念有關資訊能力的人——

如第三章所述，波姆認爲物質爲「意味之場」被摺疊於「暗在系」中。

若人類的想念能操作「意味之場」的話，則該反映的是「今世」的物體也會變化。此力量並非使湯匙彎曲的單純「念力」，而是對於「鍊金術」的物質變化也具有效力。

既然強力的想念可創造「意味之場」，則從什麼均不存在的地方出現物質的現象也能得知。

——假定容許「他界」的存在，並且認定想念與「意味之場」的相互作用，則任何超常現象與超能力者均不能隨意加以否定——

假設12
——以「冥想狀態」體驗「意識的擴大」，通常意味以「無意識」水準所進行的腦細胞與「副蒲朗克標度領域」的相互變換會提升到「意識」水平——

「跑者亢奮」與「目擊的體驗」

各位是否聽過呢？

「跑者亢奮」就是指馬拉松與中距離賽跑選手，在比賽中痛苦突然消失而陷入恍惚狀態。有時也會發揮無敵的能力。據說在漢城奧運會獲得金牌的佛羅倫斯•喬納，於一百公尺競走時，也會呈現此種狀態。

不只是跑者而已，連滑雪的滑降或迴轉的選手或越野賽的選手，也都有過這種經驗。如前述，陷入此狀態時，會分泌「腦內麻醉物」。亦即與熟練「冥想」的人相同的狀態。

偶爾會覺得有一股飄飄然的舒服感或幸福感。

……甚至有時會有「目擊的體驗」……

所謂「目擊的體驗」，猶如從一段距離外觀看自己的狀態。

……你會相信嗎？……

但從一流選手都曾經驗過這種現象看來，並不稀奇。多半的場合中，這種經驗就好比將電視攝影機裝置在自身後面斜上方三～四公尺的高度觀看影像一般。

……然而，極端的跑者亢奮情形中，會超越「時間」……

亦即雖然自己尚在規定途中跑步，卻看見自己第一個率先抵達終點的影像。當然在一段時間後，親眼看見自己第一個跑到終點。這正意味事先看見自己未來的情形（「未來視的體驗」）。

……在「冥想法」中，將此現象稱爲「意識的擴大」……

前面曾敘述服用麻醉藥後，也會陷入與此相似的狀態。

※　　※

卡布拉在『道自然學』的序文中，記載著自身曾有「意識的擴大」的經驗。

——引發編寫本書的契機，就是五年前的一個美好體驗。

夏天即將結束的一個午后，我坐在海邊，一面觀賞洶湧而來的波濤，一面感覺自己呼吸的節奏。殺那間，我發覺圍繞在我身邊的一切正在演出壯觀的宇宙之舞。周圍的海沙、岩石、海洋、空氣，都是由振動的分子或原子所構成的。其分子或原子則由若干基子所形成，不但互相生成、消滅其他的基子，並且彼此作用著。

當然對於身爲物理學家的我而言，這些知識都不是問題。透過數學理論與圖式所得到的體驗，多得不勝枚舉。

當時的體驗既眞實又直接。

從宇宙流落下來的宇宙線瀑布，其中反覆與宇宙線衝突而節奏性地脈動著。生成、消滅的基子與各種元素的原子以及構成我的身體的原子，都跳著規律的舞蹈。不只有節奏的存在，也聽到音樂。當時，我就已經知道它就是印度教徒所崇拜的舞神——濕婆之舞（卡布拉）——

※　　※

在此所表現的卡布拉的「意識的擴大」，與「目擊的體驗」與「未來視的體驗」相比，爲更高一層的經驗。一旦達到此一水準，便可任意調整倍率，就連電子顯微鏡看不見的「極微基子」也能看得一淸二楚。

依靠「意識的擴大」「觀看」宇宙的秘密

是否眞正看見，或者是因「腦內麻醉物」所產生的幻覺，就不得而知了。就卡布拉的情形而言，身爲物理學家的他對其所認知的諸現象產生「幻覺」，也是不無可能。

然完全不具有知識的人，卻也常常看見同樣的「幻覺」。

由物理學家親耳聽見的內容，不但在理論上正確性高且認爲非「幻覺」而是眞正看見的主張，並無法加以否定。

另外，不屬於極微世界而爲極大世界的「幻覺」，也經常被報導出來。

例如：突然飛到宇宙空間之外，而眺望遙遠的球狀地球。

包括柏拉圖在內的古代希臘神秘主義者，都是「冥想法」的專家，幾乎每天都飛到宇宙空間之外，在遠處眺望「球狀」的地球。

如此對於極微或極大之世界的「意識的擴大」，稱爲「極大、極微視體驗」。

同時對於不知冥想的人而言，容易忽視卡布拉的經驗談中其開端的部份內容。

……半睜開眼睛，凝視發亮的微波，意識集中於呼吸，是進行「冥想」所使用的技法……

密宗的佛教修行法中，也有凝視發亮的微波而加以意念的練習。

卡布拉是一位長久修行「冥想法」的人，只要閱讀其所寫過的文章，便可了解達到的境地已經能夠與高僧匹敵。

至於如此的「意識的擴大」，意味著與日常性的感覺器官完全不同的結構所得到的感覺。

※　※

假定視覺的機能只能依賴眼睛的話，則根本不可能產生「目擊的體驗」，不僅看不到基子，就連分子也看不見。若未解釋爲有某種超越光學視覺的視覺之存在，就太矛盾了。

……此可能因爲在「副蒲朗克標度」的世界中，諸如腦細胞的變換，可以直接「意識」的水平去知覺意識……

「傳心術」與「透視」與「預知」的情形中，假定產生鮮明的形像，則可稱爲與「目擊的體驗」同樣的現象。

即使不是如此，則意味變換在「無意識」水平中運作，然後再被翻譯而由「意識」水平加以知覺。

記載於佛教經典上的「超能力」

修行「冥想法」當中，多半的人都能學會如此「無意識水平的超感覺」，這在佛教的「坐禪」中也能加以證實。

曹洞宗的宗祖——道元所著的『正法眼藏』中，記載「天眼通（五神通之中，具有看見一般人所看不到事物的能力）」或「天耳通（可聽到一般人耳朵所聽不到的聲音）」等名稱，而說明了超感覺的存在。除此之外，也記載「能發揮傳心術」與「意念移動物體」等的「超能力」。

……**但是，佛教卻嚴禁如下的行爲**……

然而這些「超能力」，依靠提高精神性而自然地呈現出來，因此，絕對不能以學習「超能力」的目的去修行。

同時，強烈禁止爲了滿足自己的慾望，而去使用「超能力」。

衆所周知，佛教修行的目的在於「開悟」，並非只需要一些「超能力」而已，而是追求更高境界爲終極目的。

所謂「開悟」水平，就是如前述的「明心見性」的境地，據說開悟的人對於宇宙的一切事象與知識皆可一目了然。

□□**假設13**□□□□□□□□□□□□□□□□□□□□□□□□□□□□□□□□□□

——在「副蒲朗克標度領域」之中，不只摺疊全宇宙的一切知識並且也超越時間，則過去與現在的事象，甚至連未來都包含在內而被摺疊著——

「開悟」狀態的科學

本來「暗在系」是「他界」，而「明在系」是「今世」的一切，超越時間而被摺疊著，乃是極爲當然的道理。

普通人不是上學讀書，就是聆聽他人的說明，而獲得知識。

「超能力者」或實踐「冥想法」的宗教家，或「新科學」派的科學家們，對於有關「副蒲朗克標度領域」的知識，只能稍微窺視而已，大部份的知識都必須依賴一般的方法獲得。

但是一旦達到「開悟」的境地，便可自由存取全宇宙的知識，故並不需要以一般方法來獲得知識。

各位都知道，釋迦牟尼是在菩提樹下進行七天的「冥想」才得到「開悟」的。或許他藉助「腦內麻醉物」去刺激「A10神經」，並且直接以意識水平去知覺腦細胞與「副蒲朗克標度領域」的變換。

可說不侷限於佛教的一切宗教與東方修行法，其實都是爲了探究境地而存在著。

在『般若心經』中，將此種狀況以「般若波羅蜜多」一辭來加以表現。

般若是古印度的Prakrit語（巴利語）的「梵文Paññā」的音譯。

它就是「彼岸的智慧」之意，亦即隱藏於「副蒲朗克標度領域」的智慧。其內容在後面章節再詳細說明。再則，波羅蜜多就是古印度梵文的「Pāramitā」。亦即「達到」或「完成」之意。

『般若心經』本來並未使用「冥想」的說法。但其最基本的教義，就是勉勵眾人能夠得到釋迦牟尼在菩提樹下所進行的七天「冥想」之境地。故與「冥想法」有著密切關係。

當然，釋迦牟尼不但是特殊的人物，並且早在七天的「冥想」之前就已進行六年的苦行。

因此，一般人並非只持續七天的「冥想」，就能夠得到「開悟」那麼地簡單。
由於如此，多數的宗教或瑜伽或氣功法等，都在探討各種修行法。
過去的歷史當中，終生嚴格地修行的宗教家，有如星星數目之多。
雖然如此，達到「開悟」境地的人，在全世界中卻寥寥可數。
尤其到了近代，「笛卡兒、牛頓的近代科學思想」成爲社會規範之後，宗教被巧妙潤飾得不具矛盾而趨於矮化的傾向。

——近代科學的合理主義成為社會的規範之後，十八、十九、二十世紀的三百年間，對於一切宗教而言，可稱得上為受難的時代——

「近代科學」結束，「他界科學」的時代來臨

迎接二十一世紀的現在，應該與「笛卡兒、牛頓的近代科學思想」道別，而加以超越的時代來臨才是。

——社會的規範可能從以往的「今世科學」接棒給本書所敘述的「他界科學」——

宗教已忘記三百年間的受難時代，而恢復本來的活動，擔任對人類社會本質上積極的角色才對。

——「他界科學」並未放鬆探究的勢情，不僅解開「宇宙的眞理」，而且為了達成人類全體的「開悟」，而開發了既合理且有效的方法——

其實「今世科學」並非省油之燈，它具體解釋了昔日未發現「腦內麻醉物」與「[10]A神經」的存在與功能。因此，對於「開悟」的現象已比釋迦牟尼時代更易於理解。

進一步地說，說明了比釋迦牟尼時代更容易且更短時間內達到「開悟」的方法論之開發，的確不是夢想。

——若人類都能達到「開悟」的話，則根本不需要去學校上課——

人類進化到終極之後，則不需要科學與宗教

人類的終極進化，被認爲不過是人類社會的理想像而已。

由此如此，人一旦理解了宇宙的根本原理，則科學便是多餘的。

宗教的目的，在於使人的靈性進化而引導到「開悟」的狀態。故達成此一目標後，則再也不需要宗教了。

——結果，科學與宗教的共同目的，就是協助人類的進化，以實現終極的人類社會——

誠如第一章所敘述那樣，科學與宗教不斷展開血腥鬥爭，仔細思考便會發現這種現象太過矛盾，其實兩者本來都是應該促進人類進化的共同目的才對。

從此角度來看，科學的本質就是本書所敘述的「他界科學」，而牛頓、愛因斯坦所建立的「今世科學」爲「他界科學」的前奏曲而已。

然而，科學與宗教一旦達成此目的，其存在意義便會喪失。

——全世界的人均能「開悟」，並且達到「明心見性」的境地，而自由存取被摺疊於「副蒲朗克標度領域」的全宇宙知識與智慧之後，則科學與宗教就不需要了——

第7章

◎ 死後的世界

——驗證「輪迴轉生」與「前世」的存在

「死後的世界」爲人類最大的謎

一提到「他界」，一般指的就是死後世界而言。

本書爲了瞭解「暗在系」與「副蒲朗克標度領域」的概念，因而展開「他界」的存在與有關其性質的假設。

……此一概念，是否能夠對「死後世界」帶來我們的眞知灼見……

結論先說，目前還是相當困難。有關「死後世界」尙且無法把握。

諸如「傳心術」「透視」「念力」等，「超能力」的有關問題，科學家們陸續研究已超過半個世紀的時間，因而累積龐大的資料。

因此，其現象已經明白證實，如前章所述，提出假設進行說明，相當有意義。

例如：「傳心術」「透視」的科學實驗上，物理的距離愈遠而其成功機率愈低的情形，在許多不同場合裡被加以確認，並且成爲定論。依據前章的假設，說明了距離差距所造成的摺疊影響。

但是，「死後世界」卻是近代科學的方法論最爲棘手的領域，幾乎無法累積客觀的資料。

——在近代科學上，以不論由誰進行觀測而都能得到相同結果，並且採取既客觀又普遍的觀測方法與實驗方法為基礎。研究所得到的現象，更明確加以說明的理論與模式，才是科學的方法論的基本——

無法反覆實驗的資料，不被認定爲科學性的資料。

因此，即使發現新的現象，由其他的科學家再進行試驗後，而不能得到相同結果時，則此現象本身就被否定。所以在學術論文上對實驗裝置與觀測方法，作詳細的說明以便再進行試驗。若未詳細說明，則無法採取同一條件的再次試驗，結果論文的價值會被視爲零。

綿羊與山羊的問題

有關前述的「超能力」，產生相當大的問題。原因在於再次試驗均無法發揮機能。

……這就是俗稱的「綿羊與山羊的問題」……

相信「超能力」的科學家（綿羊）與懷疑論者（山羊），長久歲月展開激烈的爭論。

依照「綿羊」所進行的實驗，結果以高分證明「超能力」的存在，但在「山羊」加以實驗後，結論卻出現否定。

因此，無論反覆進行實驗，爭論多少年都無法得到結論。從這種角度來看，此正意味「近代科學的方法」出現了破綻。

……這未免太不可思議了……

以實驗進行調查的是被實驗者的「超能力」，故實驗的主辦者意識與信念根本不可能去影響實驗的結果。由於認爲不可能影響，於是「綿羊」與「山羊」均反覆進行實驗，爭論持續三十多年。

……但是，前述的「反主流文化運動」卻加以解決了……

容格的深層心理學給予超能力實驗某種啓示

嬉皮族的精神運動，給予物理學的發展有相當大的影響，在第四章曾敘述過。其影響所及，不僅物理學而已，連心理學的領域也受到影響，進而帶來「改革的風暴」。

過去，幾乎未被重視的「容格的深層心理學」，突然引人矚目而急遽地普及化。

……容格的假設之一，即所謂的「集合性無意識」……

此在第九章再詳細解說。採用集合性無意識的假設，懷疑論者的信念造成眼睛看不見的作用而壓抑被實驗者發揮「超能力」，是無法否定的。

「綿羊」的長老，即以科學的方法研究「超能力」先驅者——迪克大學教授約瑟夫·萊恩，將此新學問領域稱爲「超心理學員（Parapsychology）」。

在「綿羊」與「山羊」的爭論中，設立了「美國超心理學會」，其會員日益增加中。然而，此學會卻不易被認同，在申請加盟美國學界最具權威的「美國科學振興協會」時，二度均被否決。

但是在一九六九年，由於「新科學派」的著名人類學者暨精神醫學者葛來葛里·貝特遜的強力推薦，才得到加盟的機會。

從三十多歲以來，就全力投入於「超心理學」的萊恩，這時已經七十四歲了。

以後的「超能力」實驗上，規定懷疑論者不能在身旁，以及實驗在友好的氣氛下進行爲前提，成爲一般常識。

今日有關「超能力」的實驗論文，習慣上明文規定此一前提。

……一旦受到活人精神的影響時，則「近代科學的方法論」就會被複雜化。何况「死後世界」更令人束手無策……

實驗「冥想法」的「新科學」派的科學家們，多半窺視「副蒲朗克標度領域」的知識，因此確信「死後世界」的存在。

不可能反覆「死亡」

……但不管多麼確信，不可能反覆使用科學的實驗方法去驗證「死後世界」的存在。

※　　※

目前無論多麼努力，「死亡」的現象是「不可能反覆」的。

當然，反之亦爲眞，即使用任何一種科學的手段，都無法證明「死後世界」的存在。

——現在的科學已包含「新科學」，而將「死後世界」視為適用範圍外，亦即無法加以對應的對象——

適用範圍外，意味一切議論均無意義。這好比爲了議論基子的問題，而提出「牛頓力學」的情形一樣。

……這是現在科學與宗教最大的差距……

宗教方面，一旦教宗或指導者斷定「如此」，便成爲絕對的眞理。若仍隸屬於該宗教中，則不允許有批評的聲音。

如果主張「使用可以反覆的實驗來檢證」的話，就會被逐出門外。因此，認爲不能依靠議論與批判去累積客觀的事實，而使教義有進一步的發展。

所能做的，就是選擇信仰或不信仰而已。若不信仰，則意味必須脫離宗教集團。

如中古歐洲一般，不屬於基督教團中的人，幾乎無法過著社會生活，並且痛苦地活著。同時，第一章敘述過發生此情形，領導者會作出不合理的「斷定」。

當然在今日，由於信仰的自由被加以保證，無論信仰或不信仰，基本上都是個人的自由。

然而，不管多麼自由而去信仰如騙徒一般的教祖所主持的新興宗教，遭遇惡運的人未曾減少過。

……或許各位仍會認爲被騙也是我的自由，不需要你干涉……

二十一世紀的宗教

今日一提及「宗教」，總是以疑慮的眼光去看待的理由，就是如此。難怪從中占時代轉爲近代時，人們選擇了「笛卡兒、牛頓的近代科學」作爲社會的規範。

——目前，「科學性」一辭，經常都以「正確」的意思加以使用——

其理由就是科學「可以反覆實驗去檢討。不像宗教那樣，某一位高層人士的「斷定」，全部教徒必須加以信仰。

——科學是開放的，而宗教是封閉的——

如第二章所叙述那樣，幾十年來科學反而愈來愈靠近宗教。布里普蘭表示「到二十一世紀時，科學與宗教會被統合」。但爲了眞正獲得統合的目的，宗教也必須主動靠近才是。

——二十一世紀的宗教，應該更開放才是——

所謂的開放，亦即不同的宗教與宗教之間的障壁會消失。

檢證教義的方法論確立之後，爲了使教義更完美而公開進行議論。由於如此，「他界科學」可能會有某種程度的貢獻。

科學也有「派系」之爭。如前所述的「綿羊與山羊的問題」那樣，長期間持續激烈的爭論，並不稀奇。然而，必然存在共同的議論以及方法論。並沒有像宗教那樣，會因信念的不同而展開互相殘殺的情形。

現實上，「新科學」派的科學家所推行的與宗教家並無太大的差異。在研究「冥想法」與窺視「副蒲朗克標度領域」的知識水準方面，幾乎都是相同。

其後與所進行的「可以反覆實驗去檢證」與「依據數學理論去建立模式」並不相同。兩者都是為了避免作錯誤「斷定」的方法論。

臨死體驗者的證言

……話又說回來……

由於「死後世界」無法進行「可以反覆實驗」，故我們只能稍微收集狀況證據。

……首先是「臨死體驗」……

有些人幾乎已踏上死亡線，卻在心臟停止後再度蘇醒。這是多數的調查例子，最近已有多種書刊問世。如果你耐性地去尋找，則你的周圍可能就有人是經驗者。

……依據臨死體驗者的證言中，最多的是「目擊的體驗」……

例如：從病房天花板附近「目擊」自己身體的狀態。

醫生使用手術刀剝開胸部，以及進行心臟按摩的情形淸晰看見。也有人發現過去完全未曾發現的父母的禿頭部份。醫生與護士與親人的舉動逐一可以觀察得到，同時他們的對話全部可以聽到。依據報告，日後再加以對照，才發現是眞實的。

……此情形與「跑者亢奮」、「冥想法」的「目擊的體驗」完全相似……

據說人類臨死時，會分泌「腦內麻醉物」，其結構也完全相同。

因「腦內麻醉物」的「意識的擴大」，進而產生「空」水平的「超感覺」來。然而，有時臨死體驗的本人，會陷入假死狀態。或許可解釋爲這時腦細胞仍然活著，而且與活生生的狀態並無不同。

但是，如此的解釋似乎令人無法滿意。

……在「目擊的體驗」中，進行「目擊」的主體，到底是誰?……

本人看見本人。同時在一段距離外看著，本人的身體不可能成爲「目擊」的主體。

既然未使用解剖學、眼球、視神經、丘腦等傳統性結構去目睹，那麼所謂的「腦細胞爲主體」的解說，實在令人覺得牽強。

——人類的主體，未必被身體所拘束——

主體可能就宗教所謂的「靈魂」。

在普通的狀態下，「靈魂」存在於身體之中。有時會像「跑者亢奮」擴大到身體周邊來。但此場合裡，身體仍然正常跑著，並非「靈魂」脫離身體的狀態。

某些「冥想者」陷入「意識的擴大」時，身體猶如假死狀態。這說明了此時「靈魂」即將脫離身體的狀態。

所謂的臨死體驗，就是極端的例子。

同樣是屬於「目擊的體驗」，可分爲「意識的擴大」的狀態與「靈魂」即將脫離狀態兩種類。後者，稱爲「幽體離脫」。

無論如何，與身體分離而有獨立的「目擊」主體的存在，故強烈暗示所謂「靈魂」與「幽體」的存在。

「輪迴轉生」的存在

……接下來繼續探討「輪迴轉生」的例子……

包括印度在內的國家，發現其尙保持前世的記憶的孩子們，而出版有關這類內容的書籍。

據說幼子死亡後，不久再轉生於鄰近村落，前世父母與新父母爲了爭取孩子而發生強烈的爭執。

西藏密示的教主達賴喇嘛，目前在位者爲第十四世，據說代代皆是轉生而來。教主一死亡，便再去尋找其轉生者，大都以教主生前的愛用品爲依據，在許多僧侶遍尋各地之後，都成功地發現轉生的嬰兒。

最近，催眠術與所謂的「呼吸療法」的方法相當發達，能使患者的記憶逐一回溯以前，甚至回溯到「前世」的狀態。

依據此方法而得到驚異體驗的人不少。

包括佛教、道教、儒教、印度教等一切的東方系的宗教，以及美國、印地安人、非洲與澳洲的原住民等的宗教，均承認「輪迴轉生」的說法。

古代希臘的神秘主義與君士坦丁堡會議以前的基督教也是一樣，此在前面記述過。

……正暗示「輪迴轉生」存在的狀況證據被收集得不少……

但科學上，卻具有抱持懷疑精神的習性與宿命的存在。

假定前面的資料，全部證明是正確的，則依然無法作爲「輪迴轉生」的存在證據。

……爲什麼呢？……

因爲假定資訊摺疊於「副蒲朗克標度領域」的話，則勢必應該都超越「個體」與「時間」。

換言之，能讀取「副蒲朗克標度的知識」的人，能讀取「他人」的過去知識，並不足爲奇。其結構基本上與「傳心術」、「透視」相同。因此，依據理論不但不需要「輪迴轉生」，當然也能記述他人的過去人生才對。

摺疊的強度分布

爲了進行驗證，必須考察被摺疊於「副蒲朗克標度領域」的「意識的強度分布」。

在前章中，曾敘述過空間領域。「傳心術」與「透視」距離愈遠，其成功的機率愈低，而「意識」也在本人身旁的「副蒲朗克標度領域」內，以更激烈密度被摺疊著。

與此相同的情形，也會產生在「時間」與「個體」上。

僅僅窺視「副蒲朗克標度領域」的知識，便可了解遙遠的過去與未來，但可預想與現在的知識相比，會隨著時間愈遠，其資訊的存取也愈困難。

與此相同，「個體」也會產生這種情形。血緣關係較近或日常生活的精神上溝通愈強烈的人，「意識」所共有的「副蒲朗克標度領域」的密度愈高（請參照第十章）。此意味著心情容易溝通的狀態。

假定「靈魂」可以「輪迴轉生」，則窺視本人的「前世」的知識比窺視他人更爲容易。

「前世」的記憶精確度

以雷射攝影術拍攝干涉紋的軟片上，其任何微小部份均可再生物體的全體像，此在第三章敘述過。然而，微小部份的面積愈小，全體的像會呈現模糊狀態，因而無法清晰看見。

與此相同，若空間性、時間性、個體性上，其知識摺疊強度分布的濃度微弱，則可預想其資訊會較模糊且片斷。

換言之，想要從「副蒲朗克標度領域」讀取陌生人的過去人生極爲詳細的資料，若不是能力高深的人或接近「開悟」境地的人，是不可能做到的。

——自古以來，出現過許許多多詳細了解他人人生的人，若解釋是由本人的「前世」與「輪迴轉生」的結果所造成的，並不會有太大的差錯——

「前世」「今世」「來世」是一致的

但若進一步探討，則「輪迴轉生」之謎會更深奧。

……因為「他界」是超越時間的……

亦即「他界」中，其「前世」「今世」「來世」均渾然成為一體，只有被「正交變換」為「今世」，才能以「時間」的概念加以區分。

佛教與印度教均提過「因果報應」的教義。認為現在的自身命運，是由包含「前世」的一切過去行為所決定的。

尤其受到前世的報應，現在才會如此不幸，此正表示「前世的業」。

……這種說法，顯然依存著「時間」的概念，故只應用了「今世」的概念……

——在「他界」中，無法區分原因與結果，因此不會存在「因果律」——

好比在極微的世界，粒子的「位置」與「速度」的概念會消滅，而以位置與速度結合的「量子狀態」之概念為定義一般（參照第二章），在「他界」中，就會形成「原因」與「結果」被結合的某種概念之定義。

……其概念、內容如何？或者如何稱呼？很遺憾以我目前的實力尚無法了解……

……然而……

——包括「前世」「今世」「來世」而延綿不斷的「輪迴轉生」，其每一種人生在「他界」裡，一切均重疊起來而超越「因果報應」與「前世的業」，進一步定義為另一種的存在——

但很遺憾地，在我所知道的宗教範圍內，並未提起，因此，無法得到有關一切人生均重疊爲一個存在的概念線索。

考慮此一情形，人類對於「老」與「死」的感觸，與以前相較，將多少會有差異。

——明顯可見，在超越「時間」的「他界」中，「老」與「死」均不存在——

思考一切「前世」或「來世」重疊在一起的「一個靈魂的旅程」的場合裡，爲了「今世」的「老」「死」的煩惱，好像都脫離了本質。

第8章

「無意識」為神的化身嗎？

——深層心理學的方法

精神分析的創始人佛洛伊德

在「反主流文化運動」最盛行時期的美國，「容格心理學」急遽普及化，已在前章敘述過。但是，容格本身並未看見這種盛況，於一九六一年逝世，享年八十五歲。

……依據死後的聲譽來看，很難想像他的一生都耗費在與嚴酷的迫害爭鬥之中……

最初的迫害，就是以支持佛洛伊德的學說爲原因。

佛洛伊德的名字，可能各位都耳熟能詳。他將「精神分析」方法引進精神病的治療，與容格一起樹立「深層心理學」的新學問體系。

——人類的心之世界為雙重構造，在日常上我們可以知覺的「意識層」深處，存在著普通的狀態而難以認識的「無意識層」——

一提到「無意識」，似乎使人失神，但並非如此。由於是不浮出於表面的「意識」的另一種心態，因而才被如此稱呼，另被稱爲「潛在意識」，但本書均統稱爲「無意識」。

——佛洛伊德的學說認爲精神病的發生有其原因，在原因與症狀之間存在著近代科學的一對一的因果關係。由於衝擊太大而受到精神上的外傷，因此會殘留而成爲「無意識層」異常。即使本人忘記，此異常仍成爲與「意識層」糾纏，而引起各種疾病的症狀——

同時也認爲「無意識層」是本能的慾求與低等動物的衝動儲藏所，但依靠「意識層」的理性抑制下，人類才能適應於健全的社會生活。

並未伴隨「理性」或對抗「理性」所產生的慾望，稱爲「里比多」。「里比多」爲拉丁文，亦即喜悅、慾望、空想、熱情、心理傾向之意。

佛洛伊德認爲儲藏「無意識層」裡的最根源「里比多」爲「性慾」，但經常被「意識層」的理性抑制著，這就是人類心理的基本構造。然而，試著將人類一切心理作用或精神上的糾葛，使用「性慾」對「理性」的對決，以公式加以說明之。

——認為「理性」為人類的最高原理的，是屬於笛卡兒的近代人類觀。所謂的「一對一的因果關係」，為近代科學的基本。因此，可將佛洛伊德的學說視為將「笛卡兒、牛頓的近代科學思想」套用於心理的領域——

評估受到排斥的佛洛伊德

容格在提供任一單語給予患者而去自由聯想的實驗上，發現患者聯想有關心理障礙或糾葛的單語時，其開口發聲的時間花費良久。

企圖以精神病的心理學爲由來的「壓抑機制」概念，說明了此種情況，卻發現與佛洛伊德所著的『夢的解析』一書中所展開的理論相同。

——當時在學界中，佛洛伊德顯然被視爲異端人物，故與他接近的人物，在學會同儕中其名譽會受損。「地位崇高的人」多半秘密地談論佛洛伊德的主張，而在學會會場中卻從未議論他的學說，有的話也只是走廊上談談而已。因此，我的聯想實驗與佛洛伊德的理論一致的事實，對我來說，並不值得慶幸（容格）——

※　　　※

在任何時代的領域中，學界總是保守的，一旦有新想法出現，就會被排斥。因此，提倡推翻長久以來構築的學問體系的革新學說，均無例外地會受到保守學院派的激烈抵抗。

例如：發表「一般相對性理論」的愛因斯坦，其受到的迫害相當有名。此外，第七章所敘述的「超能力」研究者也曾遭受迫害。

……當時的佛洛伊德，也受到激烈的排斥……

當時的容格已是相當有名的學者，甚至被冀望有成就的將來。因此，正式提到被學會排斥的佛洛伊德，可以預想容格也會遭受相同的命運。但是，最後卻將這樣的迷惑排斥之，公正地評估佛洛伊德的學說而列入參考文獻之中。

——對於我的論文，兩位權威大學教授警告我說：如果繼續袒護佛洛伊德而替他辯護的話，則我的學歷可能會被剝奪（容格）——

※　※

那是一九〇六年的事。當時容格爲三十一歲，正是充滿正義感的年輕人。他對兩位教授如此回答著：

——若佛洛伊德所說的是眞理的話，則我將與他同行。若學歷上必須限制探究的手且隱瞞眞理爲前提的話，則我願意捨棄（容格）——

※　※

在人類歷史中，提倡推翻過去常識與規範的思想與學說的人，必須擁有「對象」的爭鬥宿命。在激烈爭鬥中，人類向前進步者。

……在伽利略時代，其「對象」就是前述的「宗教」——
……佛洛伊德與容格所批評的對象，就是「保守性的既存學問」……
……若更深入思考，其實這兩者的「對象」是相同的，如第一章敘述的「煩惱」，才是其「對象」的眞正面目……

總之，容格在選擇「勇氣」或「保身」的糾葛之中，最後選擇了「勇氣」。不出所料，容格遭受激烈的迫害而被排斥。

佛洛伊德與容格——由蜜月轉爲離婚

如此狀況之中，一九〇七年容格與佛洛伊德見面了。當時的容格爲三十二歲，而佛洛伊德爲五十一歲，彼此年齡有如父子一般。

——我們在午後一點見面，花費十三個小時的長久時間持續談論著。佛洛伊德是我認識的第一位重要人物。我發現他極爲聰明，並且具有敏銳的洞察力，是一位不平凡的人物。雖然如此……我對他的印象，還是有一些模糊（容格）——

佛洛伊德發現在排斥當中，竟然還有人強力支持他的學說，感到相當高興。因此，想將多數高徒放在一邊，特別培植容格爲精神分析運動的繼承者。

佛洛伊德（下）與容格

由於兩人的同心協力，贊同的人數愈來愈增加，到了一九一〇年便設立了「國際精神分析協會」。此時，容格爲三十五歲，受到佛洛伊德的強力推薦而就任了第一任會長。

但容格並非一開始就全面性地贊同佛洛伊德的學說。因爲他覺得對於一切舉動均採取「性慾」與「理性」的對決公式去加以說明，似乎太過於牽強。

——的確，佛洛伊德開拓新的探究之路，是值得嘉許的。對於當時他令社會驚動的聲音，使我覺得相當無聊。

但對於他所主張的一切精神病，都是由性的壓抑或性的外傷所引起的學說，依然存在著疑問。依照我的臨床經驗，某些事例的確如此，但其他的事例卻並非如此（容格）——

佛洛伊德察知容格的迷惑，便要求他全面支持自己的「性理論」。並且熱誠說服兩人同心協力，確立其教義而建設屹立不動的防塞。

這使容格極度地反感。

於是，容格懷疑佛洛伊德並不忠誠於眞實，而比較重視自己的名譽。

依據佛洛伊德所說的「教義」、「防塞」來看，容格覺得並非謙虛探究眞實的態度，而只是拼命地想將自己的學說正當化而已。

……說不定容格覺得迫害自己與佛洛伊德的保守學院主義的世界特有的「對象」，在佛洛伊德身上也嗅覺得到……

容格還記憶自己的前世

我們來看一看容格的個人生平，以今日的角度來看，稱呼他爲「超能力者」較爲恰當。他的外公，是一位以神學者聞名的牧師，據說具有看見幻覺或與靈界通訊的能力。至於祖母也具有透視能力，而他的母親將所目擊到的幽靈、預知現象等的超常現象，仔細記載在日記中。

一九〇二年，容格向蘇黎士大學所提出的學位論文標題是『超自然現象的心理學與病理學』。亦即以他的母親與祖母在一八八五年以來的四年期間，經常所主辦的「降靈會」爲題材的論文。

容格本身對於自己的前世，仍然有片斷的記憶。少年時代的他，曾依據其片斷的線索去尋找前世的自己，就是住在他家附近城鎮的著名醫師。

這就是說他的腦中相信「輪迴轉生」，他並且有過實際的體驗。

——然我們雖都擁有自己的個人生命，但大部份個人的年齡都是以數世紀爲單位的「集合的靈魂」的繼承人與犧牲者與推進者（容格）——

這句話，是他在晚年時所說過的話。容格雖然在少年時期體驗到「輪迴轉生」，但可能在晚年之前都並未在人們面前公開表示過。因爲基督教所支配的歐洲，現在有關「輪迴轉生」的話題，在一部份地區仍被視爲禁忌。

但容格本身卻認爲基督教的基本教義與「輪迴轉生的靈魂」有密切的關係。

——至少我們所存在的一部份，是跨越數世紀的生命。在那時的各種要因，對現在的生活將有所影響，但我們並未發現到。然而，這是屬於「無意識」的情況，其影響更為深遠。

宗教（附註：此情況的「宗教」，顯然指的是基督教）花上二千年的歲月，才將存在於內部的「人（靈魂）」，努力地使人去理解其表面的「意識層」。

「切勿走出外界。眞理存在於人的內部」（容格）——

前半的部份，聽起來好像佛教與印度教所主張的「前世的業」一般。而後半的部份，則好比佛教所主張的「佛性存於內心」同樣的意思。

令佛洛伊德吃驚的「事件」

如前述所說的，容格的家系、生平以及本人的體驗，都具有濃厚的「神秘主義」色彩。與此相反，佛洛伊德在數年之後，其主張有了一百八十度的轉變，就是認識了「超心理學」的重要性，以及肯定「神秘主義」的現象之存在。但與容格大爭論的九〇九年時，卻只想拚命否定「神秘主義」。

在他們的大爭論之中，發生了如下的事件來。

——佛洛伊德依據唯物論的偏見而否定了「預知」與「超心理學」，充分呈現了潛伏的獨斷，因此，我拚命地抑制急欲脫口而出的激烈反駁。此時，有一種很奇妙的感覺。好像我的橫膈膜是鐵製的，正呈現赤熱狀態——光亮的拱形天花板狀。瞬間，身旁的書櫃中，發生巨大的爆破聲，兩人均吃驚地站起來。於是，我表示這就是媒介所製造的外在化現象的一個例子，而他隨即「哦」一聲後，馬上回答：「這簡直是胡說八道」，「不，才不是」我說。「老師，你這樣說錯了。爲了證明我所說的才是正確，我預言會再發生大聲音」，眞的從書櫃中再度發生同樣的爆破聲（容格）——

可能這就是容格向佛洛伊德證明「超常現象」的存在時，在「無意識」中行使他的「念力」。

這種爆破聲，是容格表妹海蓮經常進行的現象。她在本書前面敘述過，有關容格學位論文題材中的「降靈會」上擔任靈媒的女性。據說在家具或牆壁上，可以清楚地引起「敲打聲」。

有時，過於激烈而使巨大的木製桌子分成兩半，或使金屬製的刀子變成粉狀。

後來，容格將粉碎的刀子相片，寄給「超心理學」的第一人迪克大學萊恩教授。

像海蓮所惹起的「超常現象」經驗過數次的容格，與佛洛伊德的爭論之中，無意識發揮了「未知之力」的情形，充分具有可能性。

以此事件爲界限，佛洛伊德與容格的蜜月時期結束了。

「無意識」使人類的靈魂更成長

決定兩人不合的是，容格在一九一二年所出刊的『里比多的變化與象徵』這本書。

——本書描寫佛洛伊德令人無法呼吸的狹隘世界觀，與在心理學中並未被接受，心中納悶全部爆發出來（容格在一九五二年同一書刊的新版序言）——

在本書中，容格將某位精神病患者的幻想，以日記所出現的多種幻想與世界各種神話的象徵的表現連貫起來。

其實佛洛伊德也發現到神話象徵人類的「無意識」的古老層面。但佛洛伊德的解釋和以往一樣，只限定在「性衝動」而已。例如：奧狄浦斯（Oedipus）神話中的「近親通姦之禁忌」等即是。現在日常所使用的「戀母情結Oedipus complex」一辭，就是佛洛伊德研究的由來。

……容格並未被「性衝動」所拘束，而將神話作更大膽的解釋，即象徵人類的「靈魂的成長」……

如前述那樣，依據佛洛伊德所言，「無意識層」就是以「性慾」爲象徵的劣等動物本能的儲藏所，然而依靠「意識層」的「理性」加以控制，人類才得以營運社會生活。但容格的理論卻與這個主張正面衝突。即認爲人類的「無意識層」，具有預感現在的自己所需要的目標，而加以認知目的論的能力。然而，人類必須坦誠、順從「無意識層」的指示，「靈魂」才會成長。

容格將此情形以「里比多會自然發生變化」來表現。使得佛洛伊德大約使用於「性慾」同義語的「里比多」一辭，具有更廣義的意思而賦予正面價值。

本書在四十年後的一九五二年大幅加以刪改，標題也改名爲『變化與象徵』。

容格也沈迷於東方哲學之中

下一章再詳細敘述在四十年期間容格本身也有所改變。

其一，就是沈迷於「東方哲學」。以研究『易經』爲開端，包括瑜伽術與道教的「氣功法」、「坐禪」以及『西藏的死人之書』，他相當貪心地吸收「東方哲學」。

……就是意味與第二章所敘述的物理學家波爾、海森堡、薛丁格大約同一時期，與他們完全不同領域的一位巨人，沈迷於「東方哲學」……

另一個就是前述關於容格自身成爲「冥想法」專家的事。由於如此，使他的「靈魂理論」更加地進展。

……在新版中，容格賦了「無意識」更多正面的意義，而暗示內在包含著佛教所說的「佛性」相近的概念……

佛洛伊德以戀母情結所說明的神話幻想中的「母」，解釋爲「無意識全體的人格化」。依據佛洛伊德的理論，欲治療患者時，將近親通姦的傾向與母胎回歸的幻想，視爲病態退化的想法加以排除。

但容格反之，提出援助退化而回歸「出生以前」的領域。其領域，就是在睡中等待幻想自己，在漂流萬物包圍下的「神之子」。

主張「子」爲「全體性」的萌芽，並且與許多神話共同出現的「英雄誕生」模式。亦即意識到自己認識此子。

……此正表示在自己本身的心中發現了「佛性」而加以認識到「開悟」的過程……

容格主張此過程在「無意識」之中，也被組合起來，並且本來的「靈魂」是從低水平朝往「神聖」的傾向。他認爲「無意識」，本身與宗教所稱呼的「神」的概念極爲相似。

——觀察既成的宗教與信仰完全無關，一般患者的內心的體驗情況，令人覺得人的靈性，在本性上就是屬於宗教的（容格）——

「性」會轉爲「聖」

容格將佛洛伊德所主張的「里比多」性格一百八十度大轉變。一方面將原來的「性」轉爲「聖」。但容格並非否定「性」。他將佛洛伊德的全部加以肯定之後，再將「性」轉爲「聖」。

這就是說明了佛洛伊德只注重「無意識層」的表面性質，但容格卻發現其深處具有另一種特性。道教的「氣功法」，其「變化」表現如下：

——**練精化氣、練氣化神、練神還虛（神仙道）**——

「精」意味活動的生命能量。此與佛洛伊德所定義的「里比多」，即「性能量」相當接近。練「精」，即意味鍛鍊「氣功法」，其能量會變化爲本質的生命能量之氣。

另一說法，練「氣」也會變化爲「神」。神仙道將「神」定義爲「使自己存在的宇宙意識」，此與容格所說的「聖」同義。由於不斷鍛鍊，更加深了與宇宙一體感，進而發揮了「佛性」。

繼續鍛鍊下去，最後就會「還虛」，即佛教所提及的一切會還原爲「空」的思想。此表現的背景，可能擁有與佛教相同的「認爲宇宙之源爲『空』」之思想。

——「性」與「精」相通，並且可變化為「聖」。其鍛鍊法之指向，就是避免「精」的浪費，並努力作禁慾的修行。「氣功法」與多數宗教均採取此一方法修行。但是，一部份如第四章所敍述那樣，也提出積極利用性慾的方法論。

無論如何，「冥想法」與「腦內麻醉物」才是重要因素，而「A[10]神經」掌握了秘密之鎖——

◎第9章

朝向「開悟」進化的「靈魂」

——與「無意識」對談的方法

陷入孤獨深淵的容格

與佛洛伊德拆夥的容格，陷入孤獨的深淵。以前，支持佛洛伊德而遭到既存學問勢力的迫害時，擁有一起奮鬥的夥伴。他與頑固舊勢力鬥爭，樹立了新「深層心理學」，並且確立「精神分析」的方法，不但擁有夢想與正義感的夥伴，且人數愈來愈多。

但是，現在他與夥伴的領導者拆夥了。完全沒有人會贊同容格的新理論。

當然他也完全被既存學問勢力所忽視。因爲連佛洛伊德的理論都無法對抗，何況對應超越「靈魂理論」時，他更無法消受了。

※　※

容格離開蘇黎士大學，事實上就是被學院派抹殺了。

※　※

容格在自傳上，說到「我刻意地將學歷與經歷捨棄」。

依據其後他的成就、言行來看，他似乎爲了「探究眞理」，抱持如仙人一般淡泊的心態而離開學界，但事實上並非如此。

一九一三年，容格三十八歲，尚屬於乳臭未乾的年輕人。因此，想在學界獲得名聲的野心還未消滅。

有人證實他擁有權威主義的一面。據說他曾在公衆面前嘲笑蘇黎士大學的上司，即其服務過的布魯克赫茲里醫院院長布洛伊拉教授。布洛伊拉爲「精神分裂症」一辭的提倡者，其學問上的表現相當傑出。

年輕又自信的容格，受到佛洛伊德的弟子們的極度反感，反抗學界的老前輩而遭受憎恨是不容置疑的。

回覆日本人讀者的信函中表達遺憾之意

「容格書簡集」中，收錄了寫給日本人的一封信。這是容格去世四年前的一九五七年所書寫的。

功成名就的容格，對於閱讀其著作的日本崇拜者所書寫的信函如下：

——您是我所聽過閱讀我著作的第一位日本人，以此角度來看，成爲我的生涯紀念。這表示我的思想傳達到日本需要三十年以上的時間，令人覺得時間流逝太緩慢了。其實，至今我尙未達到我在當地城市大學的要求（容格）——

容格將自己的工作「尙未達到我在當地城市（蘇黎士）大學的要求」的情形，特別寫給日本人的讀者了解。

獨得壓倒性名聲的晚年容格，對於四十四年前被大學放逐，現在仍覺得遺憾的心態，在這封信函中暴露無遺。

……容格的人格成長，從學界的排擠與痛苦體驗中爲出發點……

這種痛苦相當地激烈，依據他所告白的一句話——「有時爲了抗拒命運而使性情非常暴躁」來看，便可加以證實。

事實上，與佛洛伊德拆夥的一九一三年以來的三年期間，他連學術書籍也看不下去。也常常產生幻覺。有些病理學者認爲此時的容格正陷入分裂症的狀態。

——不與佛洛伊德走同一條路之後，一段期間內，我內心感到相當不確實。若將這種情形稱爲喪失方向的狀態，一點也不誇張。我覺得我好像吊在半空中而找不到立足點（容格）——

與「無意識」對談而解救了容格

若是普通人遇到這種情形，可能會崩潰，但慶幸的是，容格是一名優秀的精神科醫生。他冷靜地分析自己，透過與「無意識」的對談，而克服了困境。以此經驗，作爲有關人類「靈魂」的「容格理論」大躍進的原點。

「對談」的手段之一就是作「夢」。佛洛伊德發現「夢」爲「無意識」傳達的訊息，在成爲兩人認識契機的『夢的解析』一書中有作解說。

當時的容格，將這種學術經常運用於臨床實驗上，對於精神病的治療有顯著的成果。

佛洛伊德派從患者的「夢」中，主要是選出相當於「性慾」與「理性」糾葛的模式部份進行分析，與此相反，容格並未進行理論性的判斷，而只是傾聽患者自發性說明自己的「夢」與幻想，然後讓患者解釋、理解其中的意思。

……即依據患者本身的「無意識」與「對談」而進行治療的方式……

現在佛洛伊德派與容格派的精神分析醫生之間，對於「夢」的解釋方法仍然有相當大的出入。

當然容格培養了專注分析自己本身所作的「夢」的習慣。他努力想從「無意識」所傳來的訊息中仔細地汲取智慧。以前，他被「夢」解救過好幾次。他在進退困惑時，接受「夢」的啓示而正確地決斷。

容格所主張的「無意識」，具有目的論的能力，即依此經驗而來。

但遇到最大的難題時，他的方法論卻無法發揮機能。

雖然容格夢見數種強烈的夢境，但仍然無法解釋而困擾著。

——但是，夢卻未將我從方向喪失感中解救出來。反而，我的內心經常產生壓力，有時壓力太強，使得我自身有某種心理上的障礙。由於如此，我兩次反覆進行自己生涯的細部檢查。對於幼兒時期的記憶特別地注意，它就是我疑慮的障礙原因，但我卻未發現而存在自己的過去（容格）——

如此優秀的精神分析醫生，對自己本身（患者）卻束手無策。

容格發現過去回憶當中，只有一種激烈的情緒。這就是有關十歲到十二歲期間，熱中於遊戲的回憶，即使用石頭與泥土做成房屋城堡的回憶。

三十八歲的容格下定決心，對少年時期的回憶進行追蹤。

之後數月期間，此追蹤成爲他的課題。每天到湖岸或湖中去收集石頭，再加以組合成小房屋或城堡、教堂等。

——除了進行小孩子的遊戲之外，並無任何事情可做的體驗，令他覺得痛苦且不正經。我在強烈反抗之後，卻在想開的心態下，而繼續作業下去（容格）——

它可說是今日精神醫學的領域中，普遍採用的「盆景療法」的原型。運用這種方

曼陀羅（斯比多庫寺）

法，若充分觀察自己本身的心動，便會造成「與無意識對談」的效果。

另一種的「與無意識對談」
——曼陀羅

……容格的「與無意識對談」方法，就是利用「曼陀羅」……

一提到「曼陀羅」，就是密宗作爲表示「開悟」的圓形圖樣，即進行「冥想」時所輔助的用具。容格發現自己在無意中所描繪的，竟然是圓形圖樣的「無意識」訊息。

——我發現自己每天早上在筆記簿上畫的小圓形，就是「曼陀羅」。直覺這種圖形好像自己的內心狀態。從這個圖形中，觀察每天的自己內心的變化（容格）——

等待容格確立「曼陀羅」的意義與分析法，還需要相當長久的歲月。後來他將它應用於患者的精神分析，而得到相當的治療效果。

如前章所記載的，當初他與佛洛伊德同樣將依賴「言語」的聯想實驗作為精神分析的主要方法。其後，他開始重視類似「曼陀羅」的圖形與意念。

或許他認為那種方法可以更直接地從「無意識」傳來訊息。但「言語」卻將「無意識」的訊息透過「意識層」再翻譯而成。

冥想的危險性

……「與無意識對談」的終極方法論，不外乎為「冥想法」……

當時容格經常實踐「冥想法」。並未有拜師的記錄，似乎是自己學習而來的。

——為了把握幻想，我經常意念自己急速下降。嘗試好幾次下降到底的體驗。第一次我覺得自己下降到三百公尺的深度。第二次我意念到宇宙的混沌之端。接下來，便出現火山口，覺得自己到了死者之國。在崖邊附近，看見兩人的人影。一位是留著白鬍子的老人，一位是美少女。我提出勇氣與他們對話。老人說他是耶利亞後（紀元前九世紀左右以色列的預言家），我內心有一股衝擊。而少女使我更為震驚。她就是莎樂美（新約聖經馬太傳中的傳說女人）（容格）——

※　　※

前面所提出的「急速下降」，是進行「冥想」的方法之一。熟練之後，依此方法便能達成深度「冥想」。

在宇宙的混沌之端，也許意味「宏觀的體驗」，但只是如此記述，很難以判斷。像容格那樣，在「冥想」中所看見的幻覺裡，遇見古代聖人、神、精靈的體驗並不稀奇。聽說在迷幻藥用語上，將這種幻覺稱爲「神聖的體驗」或「美好的旅行」。

服用迷幻藥時，本人會覺得不過是幻覺而已，但在「冥想」情形中，不少人會錯覺自己的「開悟」而亢奮不已。

……其實，這狀態是相當危險的……

若過度亢奮，說不定還會轉爲精神病。的確，由於「腦內麻醉物」所引發的幻覺，故必須冷靜以觀看電影的心態去欣賞「美好的旅行」。

新興宗教的某些教祖，往往在這程度上就徹底的亢奮，以致於造成精神異常。其實這些教祖本身都具有神秘性，比常人的「超能力」要來得高，例如：「舉起手掌治療」的表現，若信以爲眞的話，則信徒便倒楣了。

容格對於這種危險性，敘述如下：

——人類經驗「無意識」，確實感覺舒暢，但卻會遇到極大的危險性。隨著瑜伽術的修行更加進展，人將會有不可思議的體驗。但應該避免自己與體驗一體化，將它視爲人類領域外側的對應較爲明智。

若加以同一化，則會陷入靈魂的膨脹（一種出神的亢奮狀態），並且完全誤入歧途。這種膨脹，正是小形的狂氣，亦即狂氣緩和的形態。

但一直處於完全亢奮的膨脹狀態，便會罹患精神分裂症（容格）——

既然「冥想」中會出現「美好的旅行」，當然也會出現「可怕的旅行」，或幻覺中出現鬼魅、惡魔、妖怪的恐怖體驗。

「禪」的修行中，將這種情形稱爲「進入魔境」或「體驗魔境」。在基督教方面，某些宗派依靠「冥想」得到可怕的旅行後，進而加以克服以作爲修行的課程。

在幻覺中反覆出現的神秘老人費雷蒙

容格在幻覺中看見耶利亞、莎樂美後，仍繼續進行「冥想法」，在幻覺中與反覆出現的特定人物進行對話。他將此人物命名爲費雷蒙。

容格本身所畫的費雷蒙

費雷蒙爲一名留著白鬍子的老人，具有埃及．希臘文化的一種異教徒的氣息，背部擁有如魚狗一般的翅膀。

※　　　※

——費雷蒙並非我心中隨意創造的人物，依據洞察的結果，我切身覺得他擁有獨立的生命。我與他交談時，他所說的是我的意識完全不會思考的內容。亦即他所說的話並不是我所說，而是他本身所說的。

我們相信人類的「想念，是由人自己所創造的。但他的觀點卻迥然不同。他說：「想念，好比森林中的動物，或房屋中的人或空中的小鳥一般。」然後再補充一句話說：「你看到房屋的人時，千萬不可以認爲那些人是自己所創造或必須對他們負責」。（容格）——

多半的人閱讀容格的記述後，可能會覺得莫名奇妙。甚至會懷疑容格腦袋有問題。這些都是由於現代人從頭到尾被「笛卡兒．牛頓的近代科學思想」所污染的結果。

我覺得他的記述顯現出「他界」的構造或「想念」是如何摺疊於「副蒲朗克標度領域」的重要啓示。

後來，容格從費雷蒙那裡學習到很多事情。

費雷蒙就是庫魯（老師）

當時的容格對於自己的精神狀態感到相當不安。因爲以身爲精神科醫師的立場來看，竟然發現自己也患有精神上的疾病。

因此，對於給予各種啓示的費雷蒙，一方面除了感謝之外，但另一方面卻產生了自己與常人不同的感覺，而陷入混亂複雜的心境之中。

約十五年後，這種不安感才得以消除。這是由於印度馬哈特瑪．甘地的友人——一位相當有涵養的印度長者來訪的結果。

話題談到有關印度庫魯制度。在印度方面，相信精神上的修行進步到某一程度之後，將會邂逅生涯老師即「庫魯」之命運。一旦邂逅後，就必須接受指導直到「開悟」才停止。

容格向這位印度長者詢問其庫魯是誰？

他以平常的口氣回答說：「我的庫魯是歷史上的聖人之靈，據說許多人的庫魯是同時代的人，但也有人以不在世上的靈作爲庫魯。」

聽到這個回答，容格才頓時安心下來。不但了解自己的精神並未異常，而且也知道在印度人心中存在費雷蒙那般靈者的情形不少。

容格透過體驗後，才理解到「無意識」的架構。

同時也了解瑜伽等的東方智慧，進而著迷於「無意識」理解層面。

『易經』之卦也是「與無意識對話」的一種

從一九一〇年代後半，容格熱中於『易經』的研究。自己以切除的蘆葦作爲筮竹，而耐心地進行占卜的實驗。

——對此實驗唯一的主體性介入，亦即實驗者能自由地……並非數計……將四十九支的木棒一次就抓起而加以分堆。他不知被分堆的個數中各自擁有多少支木棒。由於如此，占卜的結果才得以依靠木棒數目的多寡來決定。其他的操作均依賴機械化的進行，而完全不仰賴意志的干涉（容格）——

依據近代科學的機率統計論來看，其方法論太過於荒謬。似乎與數花瓣來占卜戀愛的成功與否並無兩樣。但是，此方法卻有驚人的命中率。

其後的一九二二年，容格認識李察特威廉之後，對「東方哲學」更加著迷。

威廉原本是一位基督教的傳教士，但卻在任職的中國當地沈迷於「東方哲學」而返回歐洲。

威廉詳細註釋的『易經』，被視爲相當有名的翻譯著作。其英文版在一九五〇年發行，其序文叙述如下：

——包含占卜實際面的洞察在內，我對威廉在『易經』中含蓋的複雜問題，所進行極爲有價値的解析而深深感謝。其實我自己以心理學來看待這種占卜方法相當重要，從認識他之前，便私下研究一番。但接觸進行占卜的威廉，且實際上加以活用後，對我來說，的確是一種「很有價値的體驗」。我知道有關「無意識的心理學」的想法，是適合於目的且有效的，因而更加確信與滿足（容格）——

※　※

以筮竹占卜的方式，與容格理論的「與無意識對談」相同。並非人人均可以得到相同結果，或許是熟練者發出「呀」的一聲而將雜念丢在腦後，才能把筮竹分爲兩半。

亦即陷入接近「禪」所謂的「無的境地」狀態，而使「無意識」能夠直接反映出來。可說『易經』程序能使「無意識」容易反映的狀態。

「冥想法」的熟練者，是在沒有使用筮竹之下而直接聽取「無意識」的訊息。但未修行到這種地步的人，才使用筮竹的補助工具，而使自己容易與「無意識」對話。

取得「開悟」的靈魂進化

一九二九年，容格與威廉合著的『黃金之花的秘密』發行。這本書中，容格格外以深層心理學的觀點解說中國的古書翻譯。其原著敘述道教的「冥想法」及有關佛教的天台密宗。其一部份的解說內容，容格敘述如下：

我對中國哲學在全然無知當中，以臨床的精神科醫師與心理療法家的雙重身份，開始自我經歷。

我的患者中，並沒有任何一位中國人，但研究其心理發展所得到的，與數千年來東方開拓最卓越的勞苦精神的秘密，確實都能加以對應（容格）——

如此將引起與佛洛伊德分手原因的一本書——「里比多的變化」的理論，逐漸加以完成。

——依據「與無意識對話」，人類靈魂逐漸進行而朝往神聖方向——

此爲容格自身的經驗，同時在他所治療的多位患者中均可觀察得到。

然而，靈魂的進化終極，即在佛教所謂的「開悟」境地，這時的人類「意識」，完全與「無意識」成爲一體。換言之，一般人必然存在的「意識」與「無意識」之差異完全消失後，便能得到「開悟」的境地。

「集合性無意識」的假設

如前述，容格雖然於一九一二年建立「里比多變化」的理論構想，但到完成時，總共花費四十年的時間。

理由在於其學說與當時的學問、歐洲哲學、基督教的常識背道而馳，若被接受的話，也只不過是荒誕無稽的妄想而已。

容格耗費四十年的歲月，可說將乍看之下荒誕無稽的「里比多的變化」的理論加以例證，從龐大的人類精神史中去探究之旅。

……其例證之一，就是「唯理（Gnosis）教派」……

「唯理教派」是古羅馬時代被基督教毀滅的古代宗教。希臘文「Gnosis」意味「知識」，它並非合理性認識的知識，而是直覺與神秘體驗的知識。亦即與佛教的

「般若」相同的意思。

「唯理教派」信徒們，爲了瞭解「般若」而訓練強力的「冥想法」。

……另一個例子爲「鍊金術」……

容格在十幾年期間不斷地研究「鍊金術」。同時，其所得到的結果，不但是以「冥想法」爲中心的「鍊金術」的方法論，而且也是「靈魂進化」的修行法。

……「里比多的變化」的理論中，其主要的例證爲「東方哲學」……

透過精神分析的方法，容格所發現有關人類靈魂的根本原理，與太古時代許多的東方賢者所發現而傳述下來的完全相同。

最初容格從『黃金之花的秘密』中尋找出此一道理來。

其後，將瑜伽修行法所指導的靈魂進化過程，與「里比多的變化」所展開的神話象徵的靈魂成長過程，詳細加以對比，表示這才是對人類靈魂的普遍過程。

獲得「東方哲學」的證實後，容格才確信自己學說的正當性。

透過一連串的研究與自身的超常體驗，容格開始確信「人類靈魂，其實都是連結在一起的」。

最初的表明，是在一九一六年巴黎所進行的演講中，提出「集合性靈魂」的概念。

這次的演講，是與佛洛伊德分手後的三年空白期間——容格最痛苦、掙扎的期間——其後，他首次所進行的公開活動。

這種「集合性靈魂」的假設，與「里比多的變化」的理論，一起經過長久歲月之後才成熟，最後成爲著名的「集合性無意識的假設」。

「無意識」爲全知全能

容格經常夢見「預知夢」。他的母親與威廉之死，在幾天前夢中得知。第一次世界大戰爆發前，他持續幾個月夢見充滿血腥不吉利的惡夢。

但容格無法正確解釋夢的啓示，卻懷疑是自己發狂的預兆，而深深感到害怕。

夢是從「無意識」所傳來的訊息，同時表示未來之意——此意味「無意識」知道未來之事。

與此相同，在『易經』的「卦」也存在著。熟練者的「卦」經常是正確的，有時也能預知未來，此在容格與威廉的實驗裡可加以確認。

既然「卦」也是從「無意識」傳來的訊息，那麼意味「無意識」爲全知全能的存在。

容格所實驗的「卦」與威廉的「卦」一致，此正表示兩人的「無意識」並非個別存在，而是連結在一起且兩人共有，如此解釋較爲自然。

——人類的「無意識」，並非專屬於個人，而是全人類共同享有，且連結存在著（容格的集合性無意識的假設）——

——「無意識」知道未來。亦即超越時間的全知全能的存在。同時告訴我們應該行走的道路——

——「無意識」爲宗教所謂的「神」或「佛」等，極爲接近的概念——

——人類的「靈魂」與「無意識」對話，而轉變爲神聖的方向——

——人類表面上的「意識」，與存在於內部的「無意識」完全成爲一體的狀態，可能就是佛教所謂的「開悟」——

第10章

◎宇宙是否為一個生命體

——「集合性無意識」的終極爲「愛」與「佛性」

「暗在系」與「無意識」

在本書中，我們探討了兩大潮流。

其一，主要是以基子的物理學爲出發點的一連串假設、「暗在系」、「雷射攝影宇宙模式」、「副蒲朗克標度領域」摺疊下來的「他界」的假設。

另一種就是，以深層心理學爲出發點的「靈魂的成長假設」與「集合性無意識的假設」。

※　　※

※　　※

乍看之下，此兩大潮流之間，彼此似乎沒有任何關聯。

前者是從嚴謹的數學與洗練的實驗方法爲依據，物理宇宙模式所發展而成的假設。後者則是依據耐心地觀察精神病患者的心態，所得到的方法，只限定於精神世界的假設。

另外，深層心理學方面含蓋所謂「靈魂成長」，宗教性色彩的強烈內容。

與此相反，「暗在系」是與「靈魂成長」完全無關，摺疊於一切物體與想念的假設。

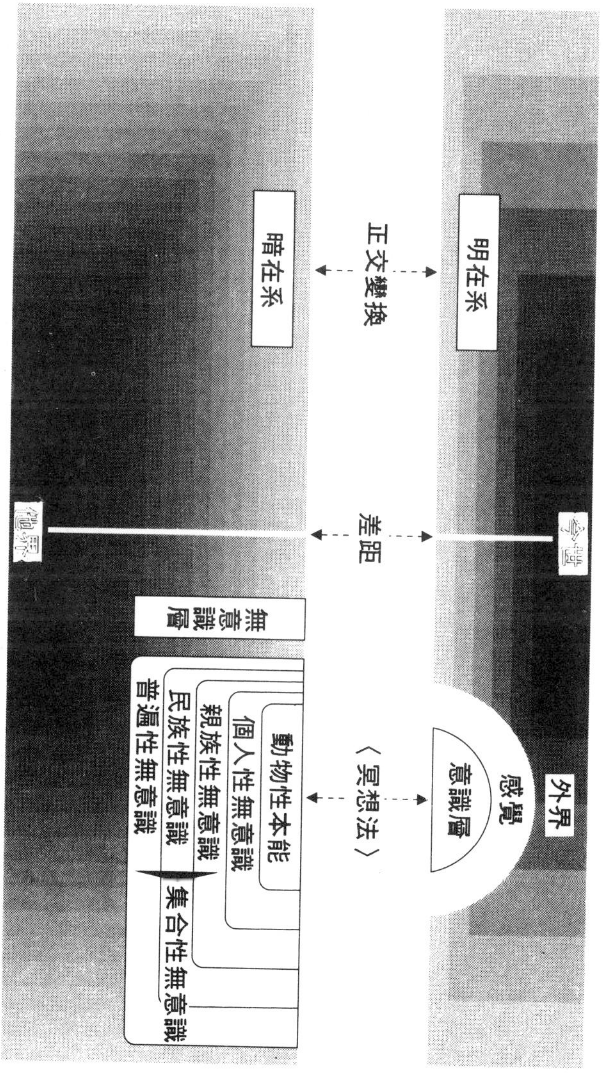

雷射攝影宇宙模式

集合性無意識的假設

然而在這一兩種假說之間，卻有許多令人驚訝的類似點，也是不容否認的事實。

——「**他界**」**的存在**。在我們知覺的心理世界「意識層」的深處，存在著完全不知覺的世界「無意識層」。與此相同，波姆假定不可能知覺的秩序的「暗在系」之存在。

——**不可能分割的一種宇宙**。乍看之下，個別的人類與個別的物體，其實都透過「集合性無意識」「暗在系」而連結在一起的不可分割的宇宙觀。

——「**時間**」**的超越**。在「暗在系」或「集合性無意識」中，過去、現在、未來的一切均混合而摺疊在一起。

——**與**「**東方哲學**」**的類似性**。包括「吠陀哲學」『易經』，以及佛教、道教、儒教所指導的宇宙觀，與此兩種潮流非常一致。

一切均在表達眞實而已

結果可說共同支持兩大潮流的，就是「東方哲學」。

如前述，波爾、海森堡、薛丁格、波姆、卡布拉等一連串的理論物理學家，以及大腦生理學家布里普蘭、深層心理學家容格等，均深深沈迷於「東方哲學」。

如此多的各領域專家們，分別透過專門領域所研究出來的內容，均與「東方哲學」一致的事實，在這裡特別提示給各位讀者。

因此，解釋爲必然存在某些眞實，應該加以肯定才是。

> ——「基子物理學」、「深層心理學」、「東方哲學」三種方向的研究，可能解明人類從太古以來就探討的「宇宙之謎」、「他界之謎」、「靈魂之謎」——

從三方向去研究，具有許多的共通點，且得到眞實的可能性相當大，但各有不同的內容也是事實。這就好像從三方向遠眺富士山一般。將稍微不同的內容綜合起來，也只可以依稀看見全體的像。

其差異之一，就是「他界的階層構造」。

依據波姆的「暗在系」，假設一切人的精神都平等地被摺疊著。

但在深層心理學的定義下，「集合性無意識」爲一種階層構造，暗示著人的連結程度因人而異。

「集合性無意識」的階層構造

佛洛伊德最初發現「無意識」的存在時，當然指的是個人的深層心理。本書爲了與「集合性無意識」區別，而稱爲「個人性無意識」。

通常「個人性無意識」，是指對應從出生到現在的精神履歷的深層心理。

但有時在精神分析的過程中，偶爾發現患者的深層心理存有「祖先的記憶」。

……由於如此，也有一些精神分析醫師主張「親族性集合無意識」，亦即意味親族之間比陌生人的「無意識」連結較爲強力……

另外，有未開化的種族、部族之中的「無意識」連結極爲強力的例子存在。即使個人所得到的訊息未使用言語傳達，但在不知不覺中被部族全體所共有的例子也不少。

因此，可說具有血統關係或人際關係濃厚者，其「無意識」的水平連結比較強烈。

超越個人水平、祖先與親族水平、部族水平、民族水平，全人類共通且普遍的水平——如此的「無意識」，似乎具有很多階層。

——過去在宗教所指導的「靈魂」，為「輪迴轉生」的實態，可能在那些階層當中隸屬於「個人性無意識」——

靈魂不會單獨存在

宗教方面，將「靈魂」視爲個人專屬。認爲「輪迴轉生」是一個「靈魂」，因得到肉體而出生，或因死亡而捨棄肉體的思想。

但是，「無意識」存在階層構造，卻意味「靈魂」無法單獨存在。

——人類的「無意識」好比「阿爾卑斯山」的構造。而我們所謂的「靈魂」，則相當於「槍之岳」、「穗高」等山的頂上。只在頂上一處觀賞，乍看之下，好像獨立的山峯。但，其實那些的山頂均連結成峯或山塊或形成山脈，共同包含其山路，可說全部的山峯均連結在一起——

波姆的「暗在系」，是包含概括性的理論，並無連峰、山塊、山脈的區別。

另一方面，宗教所謂的「靈魂」，只議論山頂而已，並未談及連峰、山塊、山脈的高度。

但如前述，相當「暗在系」的山路部份，多半的宗教均有如此的定義。

——在「吠陀哲學」中，將山頂部份稱爲「雅特曼」，而將相當於山麓部份的「暗在系」稱爲「布拉夫曼」——

——在佛教中，將山頂稱爲「小我」，山麓稱爲「大我」。「大我」，其實就是「空」，此在第四章敘述過——

——西洋哲學有時將山頂稱爲「Self」，山麓稱爲「Higher self」——

※　　※

但「小我」或「Self」一辭，並非使用爲「靈魂」，而多半是使用爲「意識層」的「自我」較多。因此，未必對應「阿爾卑斯山」模式的山頂。

更詳細思考的話，則「無意識」的階層水平，並非以階段狀淸楚區分。例如，所謂的「血緣」，是從遠親到親子之間那麽的廣義，因此，「無意識」的階層構造爲連續性的，故解釋爲一切「個體」，均以各不相同的強度連結在一起較爲妥當。

「他界」爲龐大的「無意識」網路

——「無意識」的構造，可解釋為一切「個體」，互相以不同的強度所結合下來，且包括全人類的巨大複雜的網路。無論如何，「個體」均不允許與網路無關的存在——

其結合模式，如前述所言，即對於「副蒲朗克標度領域」的摺疊，至於結合的強度，就是第七章所敘述的「摺疊的強度分布」。如前述，「強度分布」具有「空間」「時間」「個體」的區別，但在這場合中，表示「依據個體的強度分布」。

——使「摺疊的強度分布」的理論更加發展，能夠將「雷射攝影宇宙模式」與「容格的集合性無意識假設」加以統合而構築出來——

到此爲止的議論，是以活生生的人爲中心來思考的。由於我們均是活生生的人類，故想法極爲自然。亦即活生生的人所看見的「無意識」與「網路構造」就是「靈魂」。

……但仔細加以思考，這種想法是錯的，反而應該解釋「無意識」爲主體較爲自然……

……例如：「輪迴轉生」……

肉體一旦死亡，則腦細胞便不再具有機能，但「副蒲朗克標度領域」的記憶卻仍然保存下來。若得到新的肉體，新的腦細胞便能存取其記憶，爲了新的肉體而發揮「無意識」機能，其大致上的架構是如此。

亦即腦細胞水平的記憶將與肉體一起消失，但「副蒲朗克標度領域」的記憶卻是不滅的。故假定存在「輪迴轉生」，則意味數世紀期間，記憶仍然支撐許多「個體」。

——宇宙的基本構造為龐大的「無意識」網路，誕生的「個體」好比發生在大海表面上的小泡沫一般——

所以以泡沫爲主體而議論一切，是太過於以自我爲中心的想法，此好比古代認爲地球爲宇宙中心而不動，而一切天體圍繞四周的「天動說」相似。

包括「新柏拉圖主義」的多半宗教與神秘主義，主張不滅的靈魂比生命的「個體」更本質地存在。

……以此角度來看，在此場合中，可說我們現代人的常識，都是自我爲中心且「天動說」性質，反而宗教方面比較屬於「地動說」性質。此與伽利略時代完全相反……

被許多「靈魂」所支撐的個體

取得生命的「個體」，被龐大的「無意識」網路所支撐的想法，是以過去的表現而言，意味一個「個體」被許多「靈魂」支撐著。

……亦即肉體與「靈魂」，並非一對一的關係……

當然存在「強度分布」，包括影響力強烈的「靈魂」，與極爲薄弱的「靈魂」均分布著。

……說不定支撐「個體」的許多「靈魂」們，有如公司內部的組織一般。有董事長、總經理、經理、課長……坐冷板凳……

更擴大想像力的話，當「輪迴轉生」而「靈魂」又重新誕生時，其「公司組織」可能跟以前的不同。也許「董事長」不變，但幕僚人員卻變動了。

……或許在坊間裡所謂的「守護靈」、「背後靈」等，都相當於幕僚人員也說不定……

在社會中，包含民間信仰在內，而有例子的「心靈現象」被報導出來。其多半都是錯覺或騙人或魔術之類。同時，此領域與「基子物理學」及「深層心理學」不同，尚未形成學問系統，且鮮少有研究者去進行研究。

但爲了本書所解說的「他界」發展，不應該一開始就否定「心靈現象」，而必須以科學態度認眞去加以對應。一旦正確把握其現象，便可得到「龐大無意識的網路」之構造的有力線索。同時明確出來之後，對「心靈現象」便可加以理解。

「他界」的神聖部份

前面將波姆的「暗在系」與容格的「集合性無意識」，從各種角度加以對比。爲了導出「摺疊的強度分布」，必須表示在兩種模式之間能夠搭上橋樑，進而明確「他界」的一部份構造。

……有關「他界」的問題，最難以說明、理解的，就是「神聖部份」。同時，此部份爲「他界」中最重要的……

——波姆與容格將「他界」解釋爲超越時間的全知全能，這一點頗爲一致——

這可以「知識」問題進行說明。如前述，「今世」的一切物質、精神、意念，不問過去、現在、未來而摺疊於「副蒲朗克標度領域」之中，如此而成爲「全知全能」。只擁有存取能力，便能馬上得到宇宙的一切知識。

——歐洲的神秘主義之間，自古以來便使用「阿迦奢記錄」一辭。此意味記載宇宙的一切事物的幻想記錄。所謂阿迦奢爲梵文的「空」，「阿迦奢記錄」就是摺疊於「副蒲朗克標度領域」的宇宙一切知識——

至於容格不只認爲「無意識」摺疊著知識，並且也具有目的論的能力。亦即主張與「無意識」商談，則可明確本來的自己應該做何種事情（第九章）。

命運是否預先被決定呢？

這種說法與前面所提出的「他界爲全知全能」的說法，乍看之下頗爲矛盾。假定全知全能連未來均可看出來的話，則自己在以後的行動也能決定下來。甚至連「無意識」商談的事情也預先決定下來。

由於如此，與其說目的論的能力，寧可說只讓舞台上的演員稍微看一下劇本而已。

……我們在「今世」的人生，好比按照劇本去展開情節，在舞台上演話劇一般嗎？……

……我們相信自己決定意思、自己採取行動，但這些都是錯覺嗎？……

……我們的命運是否全部被預先決定，且不能依靠努力去改變嗎？……

進行話劇時，可能會忘記台辭或說錯台辭或即興表演。假定劇本預先決定好，但上台表演時，頓時感到緊張。

同時，同樣按照劇本演戲，但因演員能力的不同，其精彩程度將會有很大的差距，而同樣為那些演員，有時表演佳，有時表演不佳。連續的公演，其第一天與最後一天的印象也不同。

……我們的人生，如果劇本已決定好，但本人的努力不同，其成績也就不同？……

此乃依據劇本的記述模式不同而異。若如第三章所敘述的「時間軸上的波形」與「周波數光譜」的嚴格「正交變換」，便無自由度存在。

在場合中，有關「他界」的劇本非常詳細，說錯劇本不具有自由度且成績變化的可能性也被否定。但如此嚴格的「正交變換」並不適合「他界」記述的比喻。

……連結「他界」與「今世」的「正交變換」細節，依然是一團謎。或許「正交變換」是自由度高、抽象也說不定……

我們的「命運」是否被決定好呢？或者依本人的意思決定，或者行動可以變更，並無定論。

偶爾預知惡運時，但依據進行消災或本人的努力加以防患的例子不少。然而，究竟是進行消災有效呢？或根本就沒有惡運？或有效進行消災也預先決定下來？無人能夠知道。然而遺憾的是想要「反覆實驗」加以驗證，是不可能的。

但今後科學更進步到「今世」與「他界」的「正交變換」細節被解明出來的話，則謎底便自然可以解開。

靈魂成長的「神聖方向」

「他界的神聖部份」之最，就是容格的「靈魂成長假設」。

人類依據與「他界」，即「無意識層」對話，則其靈魂能變化為更高水平，換言之，就是朝往神聖方向之意。

容格在自己身上或數位患者之中發現到這種現象，另外在「唯理派」或「鍊金術」的思想，或「東方哲學」中也可以證實之。

作為「與他界對話」的手段，可依靠作夢或曼陀羅或盆景的解釋等，但終極的方法論為「冥想法」。

瑜伽或氣功法等一切宗教的修行法，均以廣義的「冥想法」為中心，其目的在於使靈魂朝往「神聖方向」。隨著「靈魂」進化到更高的水平，最後到達「開悟」的狀態。

這已反覆說了好幾次，即「今世」與「他界」、「意識層」與「無意識層」、「小我」與「大我」等，均渾然成爲一體而「統一」的狀態。

……至於「瑜伽」一辭，是梵文的「統一」之意……

被「統一」後，以日常的意識水平被摺疊於「副蒲朗克標度領域」而爲秘密資訊，亦即「阿迦奢記錄」可自由存取而成爲全能全知。

這不外乎是一切宗教所追求的，即人類最高的境地。愈接近「統一」，則人性愈接近「神」，即佛教所謂的「佛性」，或基督教所謂的「無條件的愛」。

——人的價值觀之根本，就是「佛性」，亦即「無條件的愛」。它被稱爲「般若」、「唯理」，亦即意味「他界」的價值觀。

——人類的存在，意味「他界的龐大的無意網路」所投影而成，因此，人類承襲「他界」的價值觀，乃是極爲當然的道理。

……「與他界對話」，可促進與「他界」「統一」，也可以得到「他界的知慧」，進而了解「他界」的價值觀……

「愛」之源，就是「他界」

如此探討到這裡，對「他界」似乎愈來愈難以了解。

——「今世」一切的生物、物質、精神、想念等，都被摺疊下來，成為眼睛看不到的宇宙秩序——

——時間與空間存在的世界——

——連結全人類的「龐大的無意識網路」——

——宇宙一切的知識儲藏庫——

——「神聖存在」為「般若的智慧」與「無條件的愛」之源——

※　※

亦即「他界」不只是摺疊「今世」，並且以無機性蓄積宇宙一切知識的存在。

以「神聖」與「愛」等辭為代表的「價值觀」之源，令人覺得擁有一種「人格」。

……此意味「他界」，就是宗教所謂的神……

……此想法才是最為自然的。

此想法與人格化的神、存在於「他界」的宗教教義互相有矛盾。

但不具有空間存在的「他界」，不可能加以定義其形態，因此，「類似人類的神」的宗教教義，只在變換爲「今世」時，才具有效力。

也許在宗教上，爲了使人容易了解而省略詳細的說明。

若認爲「他界就是神」的話，則主張「人類爲神的化身」的「吠陀哲學」教義便可深入理解。

同時，在本書反覆提到「佛性在內心」的表現，若將「他界」與「無意識」與「神」視爲相同的，比較容易了解。

考慮「他界」與「今世」的「正交變換」，可說「我們內部存在神」或解釋爲「我們存在神的內部」。

如前述，「他界」與「今世」被統一的狀態，就是佛教所謂的「開悟」，但「他界」就是神，便可了解基督教所謂的「與神完全合爲一體」表現，其實也是完全相同的內容。

宇宙爲一種生命體

以如此進行考察，自然可得到一種結論。

其內容令人十分訝異，可能一般人難以相信。

但本書所敘述的內容是正確的，而所得的結論也是當然的。

以下依次加以說明。

——反覆敘述過，「今世」被全體性摺疊於「他界」——

——故一思考「他界」，亦即宇宙爲不可分的一體。亦即，全體無法分割爲各個部份——

——宇宙的主體並非個別的人類，也非所看見的「今世」，而應該解釋爲「無意識」的龐大網路的「他界」較爲自然——

——依據「他界」既無空間也無時間的存在來加以思考，如宗教所主張的那樣，則「他界」存在人格化的「神」，並不恰當，而應該解釋爲「他界就是神」較爲妥當——

……由於如此，可得到如下的結論……

結論

宇宙全體爲一個生命體。其基本，與「無條件的愛」或「佛性」，與宗教所謂的神的概念一致。

11.	性格測驗⑪ 敲開內心玄機	淺野八郎著	140元
12.	性格測驗⑫ 透視你的未來	淺野八郎著	160元
13.	血型與你的一生	淺野八郎著	160元
14.	趣味推理遊戲	淺野八郎著	160元
15.	行為語言解析	淺野八郎著	160元

・婦 幼 天 地・電腦編號 16

1.	八萬人減肥成果	黃靜香譯	180元
2.	三分鐘減肥體操	楊鴻儒譯	150元
3.	窈窕淑女美髮秘訣	柯素娥譯	130元
4.	使妳更迷人	成　玉譯	130元
5.	女性的更年期	官舒妍編譯	160元
6.	胎內育兒法	李玉瓊編譯	150元
7.	早產兒袋鼠式護理	唐岱蘭譯	200元
8.	初次懷孕與生產	婦幼天地編譯組	180元
9.	初次育兒 12 個月	婦幼天地編譯組	180元
10.	斷乳食與幼兒食	婦幼天地編譯組	180元
11.	培養幼兒能力與性向	婦幼天地編譯組	180元
12.	培養幼兒創造力的玩具與遊戲	婦幼天地編譯組	180元
13.	幼兒的症狀與疾病	婦幼天地編譯組	180元
14.	腿部苗條健美法	婦幼天地編譯組	180元
15.	女性腰痛別忽視	婦幼天地編譯組	150元
16.	舒展身心體操術	李玉瓊編譯	130元
17.	三分鐘臉部體操	趙薇妮著	160元
18.	生動的笑容表情術	趙薇妮著	160元
19.	心曠神怡減肥法	川津祐介著	130元
20.	內衣使妳更美麗	陳玄茹譯	130元
21.	瑜伽美姿美容	黃靜香編著	180元
22.	高雅女性裝扮學	陳珮玲譯	180元
23.	蠶糞肌膚美顏法	坂梨秀子著	160元
24.	認識妳的身體	李玉瓊譯	160元
25.	產後恢復苗條體態	居理安・芙萊喬著	200元
26.	正確護髮美容法	山崎伊久江著	180元
27.	安琪拉美姿養生學	安琪拉蘭斯博瑞著	180元
28.	女體性醫學剖析	增田豐著	220元
29.	懷孕與生產剖析	岡部綾子著	180元
30.	斷奶後的健康育兒	東城百合子著	220元
31.	引出孩子幹勁的責罵藝術	多湖輝著	170元
32.	培養孩子獨立的藝術	多湖輝著	170元
33.	子宮肌瘤與卵巢囊腫	陳秀琳編著	180元
34.	下半身減肥法	納他夏・史達賓著	180元
35.	女性自然美容法	吳雅菁編著	180元
36.	再也不發胖	池園悅太郎著	170元

37. 生男生女控制術	中垣勝裕著	220 元
38. 使妳的肌膚更亮麗	楊　皓編著	170 元
39. 臉部輪廓變美	芝崎義夫著	180 元
40. 斑點、皺紋自己治療	高須克彌著	180 元
41. 面皰自己治療	伊藤雄康著	180 元
42. 隨心所欲瘦身冥想法	原久子著	180 元
43. 胎兒革命	鈴木丈織著	180 元
44. NS 磁氣平衡法塑造窈窕奇蹟	古屋和江著	180 元
45. 享瘦從腳開始	山田陽子著	180 元
46. 小改變瘦 4 公斤	宮本裕子著	180 元
47. 軟管減肥瘦身	高橋輝男著	180 元
48. 海藻精神秘美容法	劉名揚編著	180 元
49. 肌膚保養與脫毛	鈴木真理著	180 元
50. 10 天減肥 3 公斤	彤雲編輯組	180 元
51. 穿出自己的品味	西村玲子著	280 元
52. 小孩髮型設計	李芳黛譯	250 元

·青 春 天 地· 電腦編號 17

1. A 血型與星座	柯素娥編譯	160 元
2. B 血型與星座	柯素娥編譯	160 元
3. O 血型與星座	柯素娥編譯	160 元
4. AB 血型與星座	柯素娥編譯	120 元
5. 青春期性教室	呂貴嵐編譯	130 元
7. 難解數學破題	宋釗宜編譯	130 元
9. 小論文寫作秘訣	林顯茂編譯	120 元
11. 中學生野外遊戲	熊谷康編著	120 元
12. 恐怖極短篇	柯素娥編譯	130 元
13. 恐怖夜話	小毛驢編譯	130 元
14. 恐怖幽默短篇	小毛驢編譯	120 元
15. 黑色幽默短篇	小毛驢編譯	120 元
16. 靈異怪談	小毛驢編譯	130 元
17. 錯覺遊戲	小毛驢編著	130 元
18. 整人遊戲	小毛驢編著	150 元
19. 有趣的超常識	柯素娥編譯	130 元
20. 哦！原來如此	林慶旺編譯	130 元
21. 趣味競賽 100 種	劉名揚編譯	120 元
22. 數學謎題入門	宋釗宜編譯	150 元
23. 數學謎題解析	宋釗宜編譯	150 元
24. 透視男女心理	林慶旺編譯	120 元
25. 少女情懷的自白	李桂蘭編譯	120 元
26. 由兄弟姊妹看命運	李玉瓊編譯	130 元
27. 趣味的科學魔術	林慶旺編譯	150 元
28. 趣味的心理實驗室	李燕玲編譯	150 元

29. 愛與性心理測驗	小毛驢編譯	130 元
30. 刑案推理解謎	小毛驢編譯	180 元
31. 偵探常識推理	小毛驢編譯	180 元
32. 偵探常識解謎	小毛驢編譯	130 元
33. 偵探推理遊戲	小毛驢編譯	130 元
34. 趣味的超魔術	廖玉山編著	150 元
35. 趣味的珍奇發明	柯素娥編著	150 元
36. 登山用具與技巧	陳瑞菊編著	150 元
37. 性的漫談	蘇燕謀編著	180 元
38. 無的漫談	蘇燕謀編著	180 元
39. 黑色漫談	蘇燕謀編著	180 元
40. 白色漫談	蘇燕謀編著	180 元

・健 康 天 地・電腦編號 18

1. 壓力的預防與治療	柯素娥編譯	130 元
2. 超科學氣的魔力	柯素娥編譯	130 元
3. 尿療法治病的神奇	中尾良一著	130 元
4. 鐵證如山的尿療法奇蹟	廖玉山譯	120 元
5. 一日斷食健康法	葉慈容編譯	150 元
6. 胃部強健法	陳炳崑譯	120 元
7. 癌症早期檢查法	廖松濤譯	160 元
8. 老人痴呆症防止法	柯素娥編譯	130 元
9. 松葉汁健康飲料	陳麗芬編譯	130 元
10. 揉肚臍健康法	永井秋夫著	150 元
11. 過勞死、猝死的預防	卓秀貞編譯	130 元
12. 高血壓治療與飲食	藤山順豐著	180 元
13. 老人看護指南	柯素娥編譯	150 元
14. 美容外科淺談	楊啟宏著	150 元
15. 美容外科新境界	楊啟宏著	150 元
16. 鹽是天然的醫生	西英司郎著	140 元
17. 年輕十歲不是夢	梁瑞麟譯	200 元
18. 茶料理治百病	桑野和民著	180 元
19. 綠茶治病寶典	桑野和民著	150 元
20. 杜仲茶養顏減肥法	西田博著	150 元
21. 蜂膠驚人療效	瀨長良三郎著	180 元
22. 蜂膠治百病	瀨長良三郎著	180 元
23. 醫藥與生活㈠	鄭炳全著	180 元
24. 鈣長生寶典	落合敏著	180 元
25. 大蒜長生寶典	木下繁太郎著	160 元
26. 居家自我健康檢查	石川恭三著	160 元
27. 永恆的健康人生	李秀鈴譯	200 元
28. 大豆卵磷脂長生寶典	劉雪卿譯	150 元
29. 芳香療法	梁艾琳譯	160 元

30. 醋長生寶典	柯素娥譯	180 元
31. 從星座透視健康	席拉・吉蒂斯著	180 元
32. 愉悅自在保健學	野本二士夫著	160 元
33. 裸睡健康法	丸山淳士等著	160 元
34. 糖尿病預防與治療	藤田順豐著	180 元
35. 維他命長生寶典	菅原明子著	180 元
36. 維他命 C 新效果	鐘文訓編	150 元
37. 手、腳病理按摩	堤芳朗著	160 元
38. AIDS 瞭解與預防	彼得塔歇爾著	180 元
39. 甲殼質殼聚糖健康法	沈永嘉譯	160 元
40. 神經痛預防與治療	木下真男著	160 元
41. 室內身體鍛鍊法	陳炳崑編著	160 元
42. 吃出健康藥膳	劉大器編著	180 元
43. 自我指壓術	蘇燕謀編著	160 元
44. 紅蘿蔔汁斷食療法	李玉瓊編著	150 元
45. 洗心術健康秘法	竺翠萍編譯	170 元
46. 枇杷葉健康療法	柯素娥編譯	180 元
47. 抗衰血癒	楊啟宏著	180 元
48. 與癌搏鬥記	逸見政孝著	180 元
49. 冬蟲夏草長生寶典	高橋義博著	170 元
50. 痔瘡・大腸疾病先端療法	宮島伸宜著	180 元
51. 膠布治癒頑固慢性病	加瀨建造著	180 元
52. 芝麻神奇健康法	小林貞作著	170 元
53. 香煙能防止癡呆？	高田明和著	180 元
54. 穀菜食治癌療法	佐藤成志著	180 元
55. 貼藥健康法	松原英多著	180 元
56. 克服癌症調和道呼吸法	帶津良一著	180 元
57. B 型肝炎預防與治療	野村喜重郎著	180 元
58. 青春永駐養生導引術	早島正雄著	180 元
59. 改變呼吸法創造健康	原久子著	180 元
60. 荷爾蒙平衡養生秘訣	出村博著	180 元
61. 水美肌健康法	井戶勝富著	170 元
62. 認識食物掌握健康	廖梅珠編著	170 元
63. 痛風劇痛消除法	鈴木吉彥著	180 元
64. 酸莖菌驚人療效	上田明彥著	180 元
65. 大豆卵磷脂治現代病	神津健一著	200 元
66. 時辰療法—危險時刻凌晨 4 時	呂建強等著	180 元
67. 自然治癒力提升法	帶津良一著	180 元
68. 巧妙的氣保健法	藤平墨子著	180 元
69. 治癒 C 型肝炎	熊田博光著	180 元
70. 肝臟病預防與治療	劉名揚編著	180 元
71. 腰痛平衡療法	荒井政信著	180 元
72. 根治多汗症、狐臭	稻葉益巳著	220 元
73. 40 歲以後的骨質疏鬆症	沈永嘉譯	180 元

74. 認識中藥	松下一成著	180 元
75. 認識氣的科學	佐佐木茂美著	180 元
76. 我戰勝了癌症	安田伸著	180 元
77. 斑點是身心的危險信號	中野進著	180 元
78. 艾波拉病毒大震撼	玉川重德著	180 元
79. 重新還我黑髮	桑名隆一郎著	180 元
80. 身體節律與健康	林博史著	180 元
81. 生薑治萬病	石原結實著	180 元
82. 靈芝治百病	陳瑞東著	180 元
83. 木炭驚人的威力	大槻彰著	200 元
84. 認識活性氧	井土貴司著	180 元
85. 深海鮫治百病	廖玉山編著	180 元
86. 神奇的蜂王乳	井上丹治著	180 元
87. 卡拉 OK 健腦法	東潔著	180 元
88. 卡拉 OK 健康法	福田伴男著	180 元
89. 醫藥與生活㈡	鄭炳全著	200 元
90. 洋蔥治百病	宮尾興平著	180 元
91. 年輕 10 歲快步健康法	石塚忠雄著	180 元
92. 石榴的驚人神效	岡本順子著	180 元
93. 飲料健康法	白鳥早奈英著	180 元
94. 健康棒體操	劉名揚編譯	180 元
95. 催眠健康法	蕭京凌編著	180 元
96. 鬱金（美王）治百病	水野修一著	180 元

・實用女性學講座・電腦編號 19

1. 解讀女性內心世界	島田一男著	150 元
2. 塑造成熟的女性	島田一男著	150 元
3. 女性整體裝扮學	黃靜香編著	180 元
4. 女性應對禮儀	黃靜香編著	180 元
5. 女性婚前必修	小野十傳著	200 元
6. 徹底瞭解女人	田口二州著	180 元
7. 拆穿女性謊言 88 招	島田一男著	200 元
8. 解讀女人心	島田一男著	200 元
9. 俘獲女性絕招	志賀貢著	200 元
10. 愛情的壓力解套	中村理英子著	200 元
11. 妳是人見人愛的女孩	廖松濤編著	200 元

・校園系列・電腦編號 20

1. 讀書集中術	多湖輝著	180 元
2. 應考的訣竅	多湖輝著	150 元
3. 輕鬆讀書贏得聯考	多湖輝著	150 元

4. 讀書記憶秘訣 多湖輝著 150元
5. 視力恢復！超速讀術 江錦雲譯 180元
6. 讀書36計 黃柏松編著 180元
7. 驚人的速讀術 鐘文訓編著 170元
8. 學生課業輔導良方 多湖輝著 180元
9. 超速讀超記憶法 廖松濤編著 180元
10. 速算解題技巧 宋釗宜編著 200元
11. 看圖學英文 陳炳崑編著 200元
12. 讓孩子最喜歡數學 沈永嘉譯 180元
13. 催眠記憶術 林碧清譯 180元
14. 催眠速讀術 林碧清譯 180元
15. 數學式思考學習法 劉淑錦譯 200元
16. 考試憑要領 劉孝暉著 180元
17. 事半功倍讀書法 王毅希著 200元
18. 超金榜題名術 陳蒼杰譯 200元

・實用心理學講座・電腦編號 21

1. 拆穿欺騙伎倆 多湖輝著 140元
2. 創造好構想 多湖輝著 140元
3. 面對面心理術 多湖輝著 160元
4. 偽裝心理術 多湖輝著 140元
5. 透視人性弱點 多湖輝著 140元
6. 自我表現術 多湖輝著 180元
7. 不可思議的人性心理 多湖輝著 180元
8. 催眠術入門 多湖輝著 150元
9. 責罵部屬的藝術 多湖輝著 150元
10. 精神力 多湖輝著 150元
11. 厚黑說服術 多湖輝著 150元
12. 集中力 多湖輝著 150元
13. 構想力 多湖輝著 150元
14. 深層心理術 多湖輝著 160元
15. 深層語言術 多湖輝著 160元
16. 深層說服術 多湖輝著 180元
17. 掌握潛在心理 多湖輝著 160元
18. 洞悉心理陷阱 多湖輝著 180元
19. 解讀金錢心理 多湖輝著 180元
20. 拆穿語言圈套 多湖輝著 180元
21. 語言的內心玄機 多湖輝著 180元
22. 積極力 多湖輝著 180元

・超現實心理講座・電腦編號 22

1. 超意識覺醒法	詹蔚芬編譯	130 元
2. 護摩秘法與人生	劉名揚編譯	130 元
3. 秘法！超級仙術入門	陸明譯	150 元
4. 給地球人的訊息	柯素娥編著	150 元
5. 密教的神通力	劉名揚編著	130 元
6. 神秘奇妙的世界	平川陽一著	200 元
7. 地球文明的超革命	吳秋嬌譯	200 元
8. 力量石的秘密	吳秋嬌譯	180 元
9. 超能力的靈異世界	馬小莉譯	200 元
10. 逃離地球毀滅的命運	吳秋嬌譯	200 元
11. 宇宙與地球終結之謎	南山宏著	200 元
12. 驚世奇功揭秘	傅起鳳著	200 元
13. 啟發身心潛力心象訓練法	栗田昌裕著	180 元
14. 仙道術遁甲法	高藤聰一郎著	220 元
15. 神通力的秘密	中岡俊哉著	180 元
16. 仙人成仙術	高藤聰一郎著	200 元
17. 仙道符咒氣功法	高藤聰一郎著	220 元
18. 仙道風水術尋龍法	高藤聰一郎著	200 元
19. 仙道奇蹟超幻像	高藤聰一郎著	200 元
20. 仙道鍊金術房中法	高藤聰一郎著	200 元
21. 奇蹟超醫療治癒難病	深野一幸著	220 元
22. 揭開月球的神秘力量	超科學研究會	180 元
23. 西藏密教奧義	高藤聰一郎著	250 元
24. 改變你的夢術入門	高藤聰一郎著	250 元
25. 21 世紀拯救地球超技術	深野一幸著	250 元

・養 生 保 健・電腦編號 23

1. 醫療養生氣功	黃孝寬著	250 元
2. 中國氣功圖譜	余功保著	250 元
3. 少林醫療氣功精粹	井玉蘭著	250 元
4. 龍形實用氣功	吳大才等著	220 元
5. 魚戲增視強身氣功	宮　嬰著	220 元
6. 嚴新氣功	前新培金著	250 元
7. 道家玄牝氣功	張　章著	200 元
8. 仙家秘傳袪病功	李遠國著	160 元
9. 少林十大健身功	秦慶豐著	180 元
10. 中國自控氣功	張明武著	250 元
11. 醫療防癌氣功	黃孝寬著	250 元
12. 醫療強身氣功	黃孝寬著	250 元
13. 醫療點穴氣功	黃孝寬著	250 元

14. 中國八卦如意功	趙維漢著	180 元
15. 正宗馬禮堂養氣功	馬禮堂著	420 元
16. 秘傳道家筋經內丹功	王慶餘著	280 元
17. 三元開慧功	辛桂林著	250 元
18. 防癌治癌新氣功	郭　林著	180 元
19. 禪定與佛家氣功修煉	劉天君著	200 元
20. 顛倒之術	梅自強著	360 元
21. 簡明氣功辭典	吳家駿編	360 元
22. 八卦三合功	張全亮著	230 元
23. 朱砂掌健身養生功	楊永著	250 元
24. 抗老功	陳九鶴著	230 元
25. 意氣按穴排濁自療法	黃啟運編著	250 元
26. 陳式太極拳養生功	陳正雷著	200 元
27. 健身祛病小功法	王培生著	200 元
28. 張式太極混元功	張春銘著	250 元

・社會人智囊・電腦編號 24

1. 糾紛談判術	清水增三著	160 元
2. 創造關鍵術	淺野八郎著	150 元
3. 觀人術	淺野八郎著	180 元
4. 應急詭辯術	廖英迪編著	160 元
5. 天才家學習術	木原武一著	160 元
6. 貓型狗式鑑人術	淺野八郎著	180 元
7. 逆轉運掌握術	淺野八郎著	180 元
8. 人際圓融術	澀谷昌三著	160 元
9. 解讀人心術	淺野八郎著	180 元
10. 與上司水乳交融術	秋元隆司著	180 元
11. 男女心態定律	小田晉著	180 元
12. 幽默說話術	林振輝編著	200 元
13. 人能信賴幾分	淺野八郎著	180 元
14. 我一定能成功	李玉瓊譯	180 元
15. 獻給青年的嘉言	陳蒼杰譯	180 元
16. 知人、知面、知其心	林振輝編著	180 元
17. 塑造堅強的個性	坂上肇著	180 元
18. 為自己而活	佐藤綾子著	180 元
19. 未來十年與愉快生活有約	船井幸雄著	180 元
20. 超級銷售話術	杜秀卿譯	180 元
21. 感性培育術	黃靜香編著	180 元
22. 公司新鮮人的禮儀規範	蔡媛惠譯	180 元
23. 傑出職員鍛鍊術	佐佐木正著	180 元
24. 面談獲勝戰略	李芳黛譯	180 元
25. 金玉良言撼人心	森純大著	180 元
26. 男女幽默趣典	劉華亭編著	180 元

國家圖書館出版品預行編目資料

已知的「他界」科學/天外伺朗著；陳蒼杰譯
——初版，——臺北市，大展，1999〔民88〕
面；21公分，——（生活廣場；4）
譯自：ここまで來に「ぁの世」の科學
ISBN 957-557-951-8（平裝）
1.冥界 2.靈魂論
215.7 88011834

已知的「他界」科學

ISBN 957-557-951-8

原著者/ 天外伺朗
編譯者/ 陳蒼杰
發行人/ 蔡森明
出版者/ 大展出版社有限公司
總經銷/ 品冠文化出版社
社址/ 台北市北投區（石牌）致遠一路2段12巷1號
電話/ （02）28236031・28236033
傳真/ （02）28272069
郵政劃撥/ 01669551〈大展〉
郵政劃撥/ 19346241〈品冠〉
登記證/ 局版臺業字第2171號
承印者/ 高星企業有限公司
裝訂/ 日新裝訂所
排版者/ 弘益電腦排版有限公司
初版1刷/ 1999年（民88年）10月

定價/ 220元

大展好書 好書大展

大展好書
好書大展